Hans Haid

Abseits von Oberlangdorf

Roman

L. STAACKMANN VERLAG KG · MÜNCHEN

Printed in Austria 1975
Gesamtherstellung: Wiener Verlag, Wien
ISBN 3 920897 39 0

Hans Haid wurde im Peter-Rosegger-Autorenwettbewerb von einer vom Verlag unabhängigen deutsch-österreichischen Jury mit einem Preis ausgezeichnet. Sein Roman »Abseits von Oberlangdorf« stellt den Versuch dar, Land und Leute heute wirklichkeitsgemäß zu sehen und zu schildern.

Allen Bewohnern
meiner Heimatgemeinde
in besonderer
Verbundenheit gewidmet

*Oberlangdorf ist für viele unbequem.
Oberlangdorf ist ein Dorf in den Alpen.
Es ist neuerdings ein Touristendorf
und ist auf dem Weg zum Massen-
tourismus.*

Inhaltsverzeichnis

1 *Das könnte auch in unserem Dorf geschehen sein*

Es ist gut, daß sich dieser Vorfall nicht in unserem Dorf abgespielt hat. Aber auch wenn es so gewesen wäre, hätten wir nichts dagegen unternehmen können. Jedes Ereignis dieses Ausmaßes würde dem Ansehen eines Dorfes geschadet haben.
Das sagen die einen.
Die anderen sind anderer Meinung.
Geschähe so etwas in einem anderen Dorf als dem unseren, so könne es unserem Ort nicht schaden. Andererseits kämen wir, wenn sich der Vorfall hier zugetragen hätte, in das Scheinwerferlicht der Öffentlichkeit. Damit wird dann unser Ort bekannt. Er kommt ins Fernsehen. Er kommt in die Presse.
Das ist gut so.

Kindsmordprozeß nach Weinkrampf der Angeklagten unterbrochen und nach Kollaps eines Geschworenen abgebrochen . . .

So stand es in der Tageszeitung vom 24. März. Die Tratschmäuler unseres Ortes hatten Gesprächsstoff. Dahinter steht die Geschichte eines Dorfes. Gott sei Dank nicht unseres Ortes.

Die Geschichte eines Dorfes vielleicht, das weit weg von unserem Ort ist.
Es könnte das Nachbardorf gewesen sein. Es könnte das übernächste Dorf gewesen sein.
Der Nachbar könnte daran beteiligt gewesen sein.
Oder man selbst.
»Pfui Teufel«, so wurden die betrüblichen Ereignisse – Gott sei Dank nicht unseres Dorfes, sondern eines anderen Dorfes – besprochen. Es war aber das übernächste Dorf, die zweite Nachbargemeinde, die übernächste Gemeinde. Weit genug von uns entfernt. Nahe genug, um, wie es ein wichtiger Mann unseres Dorfes ausdrückte, »nahezugehen«.
»Einmal etwas anderes.«
»Haben wir noch nicht gehabt.«
Dahinter steht auch unser Dorf.
Aber es geschah nicht bei uns.
Während die Leute lauthals schrien, das sei eine Schande und so etwas würde in ihrem Dorfe nie geschehen, ging der Verteidiger im Kindsmordprozeß an seinen Platz zurück.
Die Angeklagte hatte die Schwangerschaft beim ersten Mal nicht unterbrochen. Sie wußte nicht, wie man das macht. Ihre Mutter hatte es ihr nicht gesagt.
Sie trug das Kind aus, und sie kam mit ihm nieder.
Der Vater des Kindes wollte nichts von ihr wissen. Der Vater des Kindes wollte auch von einer Heirat nichts wissen. Und vom Kind wollte er nichts hören.

Die Angeklagte zeigt vor allem die Verwandlung eines geradezu vorbildlichen Mädchens in ein nicht mehr berechenbares grausames Geschöpf.

Der Vorname des Mädchens wurde für den Zeitungsbericht erfunden. Der Vorname des Vaters wurde ebenfalls erfunden.
Eine Verwandtschaft, nahe Bekanntschaft oder jedwelche sonstige Ähnlichkeit oder auch nur der geringste Gedanke an eine solche, und sei es die entfernteste Verbindung mit irgend jemandem aus unserem Dorf, mit Leuten aus unserem Dorf, die einmal weggezogen sind, die in unserem Dorf Verwandte oder Bekannte oder Freunde haben, ist völlig ausgeschlossen. Sollte dennoch eine solche Verwandtschaft, Bekanntschaft oder eine anders sonstwie geartete Verbindung bestehen, oder sollte eine solche hergestellt werden können, so beruht dies auf einer erstaunlichen Zufälligkeit.
Jede Übereinstimmung mit noch lebenden Personen und Geschehnissen innerhalb unseres Dorfes und darüber hinaus der anderen Dörfer, die in der Nähe unseres Dorfes liegen, ist also von vornherein auszuschließen.
Deswegen spielt die Geschichte nicht *in Oberlangdorf*, sondern *abseits* von *Oberlangdorf*.

Maria Höllrigl ist selbst ein ledigs Kind von einem amerikanischen Besatzungssoldaten, das von ihrer Mutter, die in die Schweiz verschwand, den Großeltern überlassen wurde.

Nachdem keine wie immer geartete Ähnlichkeit mit Personen oder Vorkommnissen unseres Ortes festgestellt werden kann, darf die Beschreibung der Vorfälle fortgesetzt werden.

Manche Dinge sind sehr grausig. Sie dürften gar nicht wahr sein. Maria Höllrigl war, wie es hieß, »willig, ehrlich und sparsam«. Vielleicht war sie auch fromm. Das stand nicht in der Zeitung.

Mit achtzehn Jahren verliebte sie sich in den reichen Bauernsohn Grünauer.

Aus dem Verhältnis mit dem reichen Bauernsohn Grünauer entsproß das erste Kind. Sie kam nieder. Sie war Mutter. Die Ledige hatte ein Lediges. Das war nicht ungewöhnlich. Das war auch nicht alltäglich. Die ledigen Kinder stammen oft von ledigen Müttern. Das ist so.

Maria arbeitete fortan noch fleißiger, sie war noch williger, ehrlicher und sparsamer. Auch wenn der reiche Grünauer sie nicht heiraten wollte oder sie nicht heiraten konnte, weil er der reiche Bauernsohn Grünauer war oder weil sie in ihrer Bescheidenheit glaubte, ein so reicher Bauernsohn wie der Grünauer könne ein so armes Mädchen

wie sie nicht heiraten – ein Mädchen, das zudem noch das ledige Kind eines amerikanischen Besatzungssoldaten war –, so fand sie sich dennoch in ihr Los. Aber sie erwartete zumindest, daß der reiche Bauernsohn ihr nach der Geburt des Kindes helfen würde.
Sie arbeitete und betete.
Der Grünauer wollte nicht zugeben, der Vater dieses Kindes zu sein. »Wie käme unsereiner dazu?«
Eine Untersuchung der Blutgruppen erwies die Vaterschaft. Er mußte zahlen; das verpflichtete aber weiter zu nichts.
Die Leute im Ort wußten nicht mehr und nicht weniger von dem Fall zu erzählen, als sie es auch bei anderen Leuten und bei anderen Vorkommnissen taten.
Das Kind wuchs heran.
Der Vater zahlte. Die Mutter sparte eifrig für das heranwachsende Kind.
Die Leute redeten weniger und immer weniger davon. Die Sache schien immer mehr aus dem Bewußtsein der Leute zu verschwinden.

Dann traf sie ihn am Minigolfplatz. Nicht an einem Werktag. Es war ein Sonntagnachmittag. Ein schöner, strahlender Sonntagnachmittag. Da wurde der Grünauer beim Spiel ihr Partner.
»Magst?« hatte er gefragt.
»Ja«, hatte sie ihm geantwortet. Glücklich.

Sie spielten eine Runde um die andere. Das erste Mal hatte sie weniger Punkte als er.
»Noch einmal!« Wie das eben ist.
»Gut.«
»Also!« Sie spielten. Sie sah ihn einige Male sehr genau an. Sie sah ihn sich ganz genau an. Sie durchbohrte ihn mit ihren Blicken. Sie drang förmlich in ihn ein. Fast, könnte man sagen, hätte sie ihn mit ihren Blicken aufgefressen.

»Magst mich noch?« hatte er auf einmal gefragt.
»Nein«, wollte sie ihm ins Gesicht schreien. Aber sie beherrschte sich, wie sie es von klein auf gewohnt war. Das »Nein« kam gepreßt und unglaubhaft.
Sie schaute ihn an.
Er spielte weiter. Jetzt hatte sie mehr Punkte. Er wußte genau, daß sie ihn angelogen hatte. Er hatte genau gesehen, wie sie ihn angeschaut hatte.
»Gehen wir?«
»Wohin?«
»Egal.«
»Gut!«
Sie war einverstanden. Sie gingen. Er bestieg das Motorrad. Sie nahm auf dem Motorrad hinter ihm Platz. Nach wenigen Minuten stand er vor dem Espresso in einem anderen Ort, der noch weiter von unserem Ort entfernt war. Sie trank irgend etwas Alkoholfreies. Er trank drei Flaschen Bier. Er wollte eine vierte Flasche bestellen. Sie ließ es nicht zu. Hier hatte sie gegen seinen Willen etwas errei-

chen wollen. Die Kellnerin war sehr unfreundlich. In diesem Lokal gab es einen scheußlichen Weißwein, den man nicht trinken konnte, ohne nachher Kopfweh zu bekommen. Das war in den anderen Lokalen, hauptsächlich in den Kaffeehäusern, Espressos und ähnlichen Lokalen, in unserer Gegend allgemein so. Schon von einem einzigen Achtel bekam man Kopfweh. Sie war wieder dicht an ihn gedrückt hinten auf dem Motorrad. Sie spürte seine Körperwärme in sich übergehen. Sie dachte noch lange daran. Es blieb ihr unvergeßlich. Die Körperwärme des geliebten Menschen. Drei Flaschen Bier. Eine rasende Fahrt nach Hause. Die Körperwärme blieb zurück.

Am Sonntag darauf trafen sie sich wieder. Nach dem Neun-Uhr-Gottesdienst wartete sie im Holzschuppen, in dem sein Motorrad stand, auf ihn.

Sie bestieg nach ihm das Motorrad.

An diesem Sonntag versprach er ihr das Heiraten. Sie bekam dafür ein rotes Band. Sie trug es aber nicht. Vielleicht hätte sie es um den Arm binden sollen. Sie dachte an die Körperwärme, die von ihm ausströmte, als sie hinter ihm, dicht an ihn gedrängt, mit dem Motorrad fuhr.

Der reiche Grünauer war nicht in unserem Ort beheimatet. Sonst hätte man ihn unter die Alkoholiker unseres Ortes einreihen müssen. Aber er war nicht von unserem Ort. Und das war gut so.

2 *Hartes Brot*

Hätte sie das rote Band, das ihr der Grünauer gegeben hatte, getragen, so wäre sie damit bei der Sonntagsmesse gesehen worden. Das wäre vielleicht gar nicht gut gewesen. Aber es wäre vielleicht doch besser gewesen.
In der Hotelküche rührte sich nichts. Das Personal schlief noch. In den Kellern aber gab es seit mehreren Jahren Ratten. Diese Tiere waren erst in den letzten Jahren in unserem Dorf heimisch geworden.
Vorher hatte es nur Mäuse gegeben.
Mit fortschreitendem Tag aber wurden in den Räumen über den Kellern teure Speisen auf silbernen Tellern serviert, und mit silbernen Löffeln, Gabeln und Messern durften die Leute essen.
An solche Dinge wagten die Kinder des Dorfes nicht zu denken.
Zum Essen tranken die Gäste Wein, Bier, Sekt und Kognak. Das war so in den Hotels und teilweise auch in den Gasthäusern unseres Ortes. Es war immerhin beachtenswert, daß es diese Getränke und das viele Silber in unserem Dorf gab. Ja, unser Dorf hat in den letzten Jahren große Fortschritte gemacht. Darum war der Gedanke an die Ratten im Keller sehr merkwürdig. Es blieb viel übrig auf den Tischen. Kleine Fettstücke, das um eine Spur zu harte Brot, das zu wenig weiße Kalbfleisch. Das blieb für die Mäuse und Ratten. Für diese blieb sehr viel übrig. Die

Speisereste kamen von den Tischen weg in einen kleinen Kübel, von dort weg in einen größeren Kübel, und zuletzt brachte der Kochlehrling einige Male am Tag die Speisereste in einem großen Kübel zu den noch größeren Abfallkübeln hinter dem Hotel. Das war immer ein Fest. Von weit her kamen Ratten und Mäuse gelaufen und fraßen sich schmatzend durch die Papierservietten zu den Resten von Wiener Schnitzeln, Pariser Schnitzeln, Kalbsnierenbraten und Semmelknödeln durch. Ei, war das ein Schlürfen und Schnalzen, ein Grunzen und ein Rülpsen! Nicht einmal die Schweine des Ortes in den Ställen der sieben Bauern hatten so ein gutes Fressen wie die Hotelratten und die Hotelmäuse. Die Schweine wurden fett, und auch die Ratten bekamen immer größere Bäuche.

Der Wohlstand stieg.

Alle konnten sich beim Bäcker Brot in Hülle und Fülle kaufen. Es gab ein halbes Dutzend verschiedene Brotsorten. Alles konnten sich die Leute kaufen. Die Milch bezogen sie aus der Sennerei und das Fleisch aus dem Tiefkühlfach des Selbstbedienungsladens. Die Frauen des Ortes gingen, wenn sie etwas von ihrer immer kostbarer gewordenen Zeit abzweigen konnten, zum Gemeinschaftsturnen, und die Männer gingen, wenn sie wichtige gesellschaftliche, geschäftliche und wirtschaftliche Dinge zu besprechen hatten, ins Gasthaus.

Da mußte man sich wundern, daß es oben auf den Bergen noch Bauern gab, die um vier Uhr täglich aufstanden, die im Sommer schon ganz früh auf den steilen Hängen zu mähen begannen. Sie mähten auf den steilen Hängen mit ihren kleinen Bergsensen den ganzen Tag hindurch. Manchmal unterbrachen sie kurz, um eine Kleinigkeit zu essen. Die Arbeit auf den Bergen oben war aber schon längst unrentabel geworden. Der Albin und der Anton, zwei ältere und stockkonservative Bauern, gingen im Sommer noch in die Bergmahd um das spärliche Bergheu. Die Zeit war an ihnen vorübergegangen.

Sie ließen sich von den Sommergästen fotografieren. Sie redeten mitunter ein paar Worte mit den Sommergästen, die sie fotografierten. Die beiden Bauern hausten, wenn sie in der Bergmahd waren, in einer einfachen, aus Holz aufgeblockten Hütte. Der Wind zog durch. Wenn es regnete, rann an einigen Stellen des Daches das Wasser in die Hütte hinein.

Sie standen um vier Uhr auf. Sie mähten einige Stunden hindurch. Sie aßen dann ein Wassermus. Bis Mittag aßen sie nichts mehr. Am Abend aßen sie noch eine Kleinigkeit. Wenn das Wetter nicht sehr gut war, wenn also das Heu nicht trocknete und nicht dürr werden konnte, dann mähten sie auch am Nachmittag und am Abend. Solange es licht war, arbeiteten sie draußen. Wenn es dunkel wurde, kamen sie in die Hütte und saßen im Dunkeln. Manchmal saßen sie im Schein des Feuers um den Herd herum.

Das Heu trugen sie auf dem Kopf zu der Hütte.

Wenn sie oben in den Bergen waren, dann waren sie weit weg von allen Nöten, allen kleinlichen Dingen, die es unten im Tale gibt. Sie lebten auf den Bergen.

Wenn es regnete, froren sie in der zugigen Hütte.
Wenn die Sonne schien, dann ließen sie sich von der Sonne anwärmen. Sie überließen es der Sonne, ihre Kleider und ihr Heu zu trocknen.
Sie konnten nichts dazutun, daß die Sonne schien und daß das Heu gedörrt wurde. Das machte sie abhängig von den Winden, von der Sonne, auch vom Regen. Den Regen brauchten sie, um ausrasten zu können.
Sie mußten sich auf die Hilfe von Sonne, Wind und Regen verlassen.
Am Abend saßen sie auch vor der Hütte und ließen die Perlen des Rosenkranzes durch ihre Finger gleiten. Sie beteten nur dann, wenn sie Zeit dafür hatten. Zeit hatten sie nach dem Essen, am Abend, wenn sie in der Hütte auf dem Heulager lagen, wenn sie um das Feuer gekauert saßen, wenn sie vor Müdigkeit nicht einschlafen konnten. Dann dankten sie dem Herrgott, daß sie auf den steinigen Hängen unter Lebensgefahr ein paar Kilogramm Heu zusammenraffen durften, daß sie überhaupt leben durften und daß es ihnen, wie sie glaubten, ganz gut ging.
Sie konnten auch fluchen und alles und die ganze Welt verdammen. »Höllteufelszeug!« – »Verfluchte Schinderei!«

Am Montag hatten sie sich wie jeden Montag einen Laib Brot vom Dorf mitgenommen. Wie jede Woche war gegen Wochenmitte der Laib Brot hart geworden. Gegen Ende der Woche war das Brot steinhart. Das machte aber nichts.

»Gut, gehen wir«, sagte der Besitzer eines Hofes weit über dem Tale. Er meinte damit, seinen Sohn begleiten zu müssen, der ins Dorf hinunter wollte und von dort aus weiter in die nächste Stadt.
»Das übrige wird sich geben.«
Es entstand eine kleine Pause.
»Vater, ich werde mir überall in der Welt helfen können.«
»Das wird schon sein.« Der Vater brummte vor sich hin. Es war ihm nicht recht. Der Sohn ging fort.
Wofür hatte er sich geplagt?
»Vater, gehst du wirklich mit?«
»Ja!«
»Bleib da!«
Dann gingen beide talwärts. Der Sohn in ungeduldiger Hast voraus, der alte Vater bedächtig dahinter. Wir wissen nicht, was in seinem Kopf vorging. Wir wissen auch nicht genau, was sich der Sohn in diesen Minuten des Fortgehens von zu Hause dachte.
»Schau, Bub«, sagte der Alte. Und er zeigte mit dem Zeigefinger der rechten Hand auf den Hof hinauf. Und die beiden standen nebeneinander, und sie sahen den Hof. Der eine ging fort, der andere kehrte wieder dorthin zurück. Er würde dort sterben. Warum auch nicht? Er war dort geboren. Der andere würde ein Stück von zu Hause mitnehmen, ein Stück Heimat. Vielleicht würde er es nicht vergessen können. Und wäre es auch nur die Erinnerung an den baufällig gewordenen Stall, an die knarrenden Türen in den Keller hinab oder an die runde Bank um den Ka-

chelofen. Mehr aber wird – das weiß er nur noch nicht – die Erinnerung an karge Mahlzeiten in den Tagen des Fastens, an die üppig verschwenderischen Essen der Kirchfeiertage, an das Gemurmel der täglichen Tischgebete bestehen bleiben. Das wird ihn zwingen, die Gedanken heimwärts zu richten. Aber soweit ist es noch nicht. Der Vater steht neben ihm.

»Da oben liegt er.«

Das sagte der Vater, und dann sagte er nichts mehr. Er blieb einige Sekunden unbeweglich starr und scheinbar gleichgültig auf einem Fleck stehen. Der Sohn stand neben ihm. Beide schauten zum Hof hinauf.

Da oben liegt er.

Ja, dort war er. Statt Hof könnte man auch etwas anderes sagen, alte Hütte vielleicht. So waren viele Höfe in der Gegend, besonders auf den Bergen. Man hätte zu vielen alte Hütte sagen können. Weil ein Gehöft da war mit einigen Kammern, einer Küche und mit einem Dach, weil zwei oder drei Hektar mehr oder weniger guter Wiesen und einiger Äcker und noch etliches mehr da waren, deswegen nannten die Leute so etwas »Hof«. Da waren noch ein Stall und ein Stadel. Dort stand das Vieh unter einem breiten Schindeldach. Wegen all dieser Dinge war es ein Hof. Dort oben liegt er. Ja, ja.

Ganz anders war es im Unterland, im Flachland. Dort saßen die Großen mit den mehr als hundert Rindern und

mit den zwanzig, fünfzig und mehr Hektar Besitz. Bauer der eine und Bauer der andere also.
Aber es durfte niemand zu dieser »alten Hütte« etwas anderes als »Hof« sagen. Sonst wurde der alte Vater böse. Es war einer wie jeder andere in dieser Gegend. Der Vater wurde immer älter und auch sein kleiner Hof, der ein wenig höher oben lag als die anderen und der die steileren Felder hatte. Die Äcker waren steiniger.

In unserem und im Dorf daneben gibt es überall Burschen und Mädchen. Sie sitzen, wenn es Sonntag ist, auf den Kirchenbänken herum. Die Mädchen sitzen auf der linken und die Burschen auf der rechten Seite. Das ist noch immer so. Die Burschen stehen beisammen, und die Mädchen stehen nach dem Gottesdienst ebenfalls beisammen. Aber sie stehen nicht so lange und auf einem Fleck beisammen. Die Burschen und die Mädchen des Dorfes und der anderen Dörfer sind während des ganzen Jahres zu Hause; die meisten. Einige studieren in der Stadt, und die anderen sind auswärts auf Arbeit. Wenn sie sich am Sonntag nach dem Gottesdienst sehen, grüßen sie einander freundlich. Dann kommt der Herr Pfarrer und grüßt ebenfalls. Sie sagen »Servus« zueinander. Der Herr Pfarrer sagt »Grüß Gott«. Das sagen sie auch, wenn sie den Herrn Pfarrer grüßen. Sie sagen »Servus« zueinander, weil sie wissen, daß das modern ist. Zum Herrn Pfarrer sagen sie vielleicht noch zusätzlich »Herr Pfarrer«, entweder vor oder nach dem »Grüß Gott«. Den Lehrer grüßen die Bewohner des Dorfes mit »Grüß Gott, Herr Lehrer«. Die jüngeren Burschen und Mädchen haben großen Respekt vor den älteren und stärkeren Burschen. Besonders aber die Burschen und Mädchen, die aus der Stadt hin und wieder nach Hause kommen, sind sehr respektvoll zu behandeln. Diese sind anders gekleidet. Im Dorf ist man solche Unterschiede bereits gewohnt. Zwei Mädchen aus unserem Dorf sind in ein Kloster gegangen. Jeden Samstag nach dem Herz-Jesu-Freitag, das ist der erste Freitag im Monat, ist seit vielen, vielen Jahren der Priestersamstag. Da wird in der heiligen Messe um Priester gebetet. Aber niemand aus dem Ort wird Priester. Nur zwei Klosterschwestern gibt es. Es gibt viele Jugendliche, mit denen der Herr Pfarrer keine Freude hat. Mit einigen von ihnen hat auch der Herr Bürgermeister keine Freude. Aber das sind nicht dieselben Burschen. Mit vielen anderen sind beide Herren sehr zufrieden. Sie zahlen brav ihre Steuern, gehen in die Kirche und sind ordentliche Menschen.

3 *Nennen wir es Oberlangdorf*

In der Ortschaft, die wir Oberlangdorf nennen, gibt es drei Gasthöfe, zwei Hotels, fünf Fremdenheime, drei Hotelsgarnis, ein Kaffeehaus, eine Diskothek. Außerdem gibt es mindestens zwanzig neue Einfamilienhäuser mit zusammen fast zweihundert Fremdenbetten. Es gibt auch noch zehn Bauernhöfe. Zu diesen zehn Bauernhöfen gehören drei neue Wirtschaftsgebäude. Die anderen sieben Gebäude sind alt und etliche von ihnen nahe dem Zusammenfall. Deswegen sollen sie einmal abgerissen werden. Denn so baufällige Bauten passen nicht in unser Dorf. Unser Dorf heißt Oberlangdorf und ist ein sehr gepflegtes Dorf. Die alten Bauten, die abgerissen werden sollen, sind noch ganz aus übereinandergelegten Baumstämmen. Das ist die sogenannte Blockbauweise, für die man sehr viel Holz braucht und die bei uns – so sagen viele unserer Gäste – in die Landschaft passen würde.
Aber was *die* sagen!
Selbstverständlich hat unser Dorf auch eine Kirche, die zum Teil sogar noch aus der Gotik stammt. Einige Kunstsachverständige vermuten sogar, daß irgendwann einmal bei Restaurierungsarbeiten gotische Fresken zum Vorschein kommen könnten. Immerhin bestünde die Möglichkeit, und das wäre eine kleine Sensation. Am Rande unseres schönen Dorfes steht eine alte Kapelle aus dem

Jahre 1689. So steht es geschrieben. Es ist schade, daß sich eigentlich niemand aus dem Dorf darum kümmert.
Daneben steht groß, schön und stattlich, neu und fast protzig einer der drei Gasthöfe. Eigentlich ist der Gasthof nicht neu. Er wurde in den letzten Jahren, das waren gute Jahre mit vielen Gästen, nur so stark renoviert, daß viele Fremde, die ins Dorf kamen, glauben mußten, der Gasthof sei völlig neu erbaut worden. Das Herrichten hat einige Millionen Schilling gekostet.
Die Kapelle am Rande des Dorfes war einst ein Schmuckstück gewesen. Die Instandsetzung hätte zum Teil das Denkmalamt übernommen. Aber das Dorf hätte auch eine Kleinigkeit dazuzahlen müssen. So war das mit unserer Kapelle, und so ist es auch noch. Die Leute unseres Ortes sind durchwegs sehr fromm. Sie sind der Kirche immer treu ergeben gewesen. Das sind sie heute noch. Es steht in den alten Aufschreibungen und in den Berichten des Pfarrers an die vorgesetzten Stellen. Zu den sogenannten heiligen Zeiten, das sind die Zeiten um Weihnachten, Ostern und Pfingsten, aber auch zu Portiunkula, geht fast die ganze Pfarrbevölkerung beichten und empfängt die heilige Kommunion. Früher, so sagen die alten Leute, waren die Bewohner unseres Ortes aber zufriedener. Früher hatten sie oft Not leiden müssen.
Wichtig in unserem Dorf sind die vielen Anschlagtafeln. Es gibt solche für die Pfarre, für die Gemeinde, den Fremdenverkehr, den Sportklub, den Wirtschaftsbund, für die politischen Parteien und für den sehr aktiven Bienenzüch-

terverein. Für alle Vereine und Organisationen scheinen die Anschlagtafeln sehr wichtig zu sein. Seitdem auch die Katholische Jugend eine eigene Anschlagtafel hat, steht auf der Anschlagtafel des Pfarrers nur mehr die Gottesdienstordnung. Die katholischen Slogans stehen jetzt auf der Tafel der Katholischen Jugend.
Wochenlang stand dort zu lesen:

*»Unsere Gäste sind auch
Menschen.«*

Als ob das nicht selbstverständlich wäre. Für unser Dorf aber und für viele andere auch war diese Erinnerung notwendig. Die Behandlung der Gäste verändert sich mit der Menge, in der sie kommen.
Wer hat wirklich Zeit, in seinem überfüllten Hotel jeden Gast im Sinne der Katholischen Jugend zu behandeln? Das Geld spielt in unserem Dorf eine große Rolle. Das Geld spielt natürlich auch in anderen Orten eine große Rolle. Bei der »Bruder-in-Not-Sammlung« am dritten Fastensonntag ist allein in der Pfarrkirche eine erstaunliche Summe zusammengekommen. »Das ist sehr viel«, sagte der Herr Pfarrer zu den Gläubigen. Vor allem ist das viel, wenn man bedenkt, daß man dafür zwei gute Kühe kaufen könnte oder ein gutes gebrauchtes Auto, einen VW oder einen Opel. Die Leute sind sonst sehr sparsam. Aber sie geben Gott, was Gottes ist. So heißt es im Neuen Testament.
Doch sie geben dem örtlichen Kiosk genauso ihr Geld für

den Mist von »minderwertigen Illustrierten« mit nackten Mädchen. Pfui Teufel!
»Gott, was Gottes ist, und dem Teufel, was des Teufels ist«, predigte der Herr Pfarrer.
Mit dem Instandsetzen der alten, morsch gewordenen Kapelle könnte man sich ein Stück Himmel erkaufen. Dasselbe ließe sich aber mit dem Opfergeld bei der sonntäglichen Kirchensammlung erreichen. Man müßte nur dahinterkommen, was besser ist.

In unserem Dorfe gibt es ein Dutzend richtiger Alkoholiker. Also Menschen, die regelmäßig ihr großes Quantum zu sich nehmen müssen. Auf das Müssen kommt es dabei an.
Genauso wie bei der Kirchensammlung, wenn man in den Himmel kommen oder ihm wenigstens so nahe wie möglich kommen will. Alle Leute kennen alle Personen im Ort, die als sogenannte notorische Trinker bekannt sind. Ein Dutzend solcher Leute gibt es also bei uns. Dabei hat unser Dorf gar nicht so viel Einwohner, daß dieses Dutzend völlig untertauchen könnte.
Der Weg in den Alkoholismus ist, wie die Leute so schön sagen, »eine Flucht« aus allen Unannehmlichkeiten, mit denen die Betroffenen ansonsten nicht fertig werden.
Einer der Alkoholiker heißt Toni. Dieser Toni ist fünfundvierzig Jahre alt, verheiratet, hat drei Kinder, ein Fremdenheim, eine Schneiderwerkstatt und eine sehr tüchtige, sehr strebsame und sehr umsichtige Frau. Von

ihr sagen die Leute im Ort, sie »schaukle den Laden«. Sie hält das Geld zusammen, und sie hält zu ihrem Mann. Der Toni galt früher auch als einer der tüchtigsten, strebsamsten und umsichtigsten Männer des Ortes. Er hätte sogar Bürgermeister werden können. Um jedoch dieses Amt zu bekommen, hätte der Toni nicht nur tüchtig, strebsam und umsichtig sein müssen; er hätte auch Gastwirt sein müssen. Außerdem hätte er vielleicht weniger trinken dürfen. Aber das wäre vielleicht weniger wichtig gewesen, weil auch schon andere Bürgermeister dem Alkohol verfallen waren. Und sie waren dennoch sehr tüchtig.

Mit den Gästen in seinem Fremdenheim hat sich der Toni fast immer schon am zweiten Tag verbrüdert. Dabei wird viel Bier und Schnaps getrunken. Meistens wird laut geschrien. Wenn sie ein Kartenspiel machen, dann wird am lautesten geschrien. »Wer zahlt, schafft an«, heißt es, wenn ihm andere Leute Vorhaltungen wegen Ruhestörung und Belästigung machen.

Der Toni hat außer seinen drei Töchtern drei Angestellte. Die Töchter helfen zum Teil schon seit ihrer Volksschulentlassung im elterlichen Betrieb mit (er soll einmal einer von ihnen gehören) und werden wie Angestellte behandelt. Toni ist sehr stolz auf seine Töchter.

Diese sind jetzt siebzehn, achtzehn und zwanzig Jahre alt. Der Toni zahlt Lohnsummensteuer an die Gemeinde. Der Umsatz wurde in den letzten zehn Jahren verzehnfacht. Das Geschäft blüht. Das ist deswegen so gekommen, weil er Konfektionsware und Sportbekleidung auch in seiner

Werkstatt verkaufen kann. Das macht den Umsatz. Die Gewerbesteuer fließt ebenfalls der Gemeinde zu, nicht direkt, sondern über die Bezirkshauptmannschaft. Er zahlt auch für die Müllabfuhr. Nur ein relativ kleiner Teil seines Geldes wird in Bier oder Schnaps umgesetzt. Beim Schnaps zahlt es sich eher aus. Der Schnaps ist bei uns sehr teuer, weil die Bauern keinen Schnaps mehr brennen. Wenn man sich einen Rausch antrinken will, braucht man beim Schnaps mehr Geld als für eine Kiste Bier. Mit einer Kiste Bier, das sind zwanzig Flaschen, kann Toni aber mehrere Räusche haben. Sehr viel Geld kann er beim Bierkonsum nicht umsetzen, weil er erstens schon nach relativ kurzer Zeit besoffen ist und weil er zweitens das Bier stark verbilligt direkt von der Bierbrauerei besorgt. Es hat deswegen diese große Wirkung beim Toni, weil er immer sehr hastig trinkt, zum Trotz, so möchte man glauben. Eine Kiste Bier kostet nur die Hälfte wie im Gasthaus oder, wenn man Glück hat, noch weniger. Das Geschäft führt seine Frau und manchmal er selbst. Es geht noch immer sehr gut.

An den Sonntagen wirft er immer einen Hundertschillingschein in den Klingelbeutel. An Feiertagen ist es mehr. »Vergelt's Gott«, sagt dann mit besonderer Inbrunst der Mesner. Irgendein Nachbar in der Kirchenbank sieht es fast immer. Und das ist gut so. Und natürlich erfährt es auch der Pfarrer. Auch das ist gut so.

Er, der Toni, schlägt – so behaupten die Nachbarn – seine Frau, wenn er in der Nacht spät nach Hause kommt. In der letzten Zeit geht er wieder mehr ins Gasthaus, weil er dort mehr Ansprache hat. Dort hat er Gesellschaft und Freunde. Im Sommer bleibt er mehr daheim, weil da viele Gäste in seinem Haus sind, mit denen er saufen kann. Man sagt, seine Frau habe nie ein gutes Wort für ihn, ein freundliches, zu Herzen gehendes, weil von Herzen kommendes Wort. Das sagen so gelegentlich die Leute. Aber sie ist ungeheuer gut fürs Geschäft. Und das ist gut so. Der Toni ist ein guter Geschäftsmann. Er gibt, kassiert und gibt. So ist es recht. Das weiß auch der Pfarrer.

Wenn der Seppm-Paul, so wollen wir den zweiten Dorfsäufer nennen, besoffen durch den Ort wankt, dann verrichtet er seine Notdurft mit Vorliebe vor dem Geschäftsportal des neuen Schuhgeschäfts, direkt an die Marmorplatten. Das hat sicher einen Grund. Wir können den Seppm-Paul nicht danach fragen. Vielleicht hat ihn der Schuhgeschäftsbesitzer einmal geärgert. Etwas muß der Paul damit bezwecken.

Wie alle von der bestimmten Sorte Trinker ist er ein sehr sensibler und leicht angerührter Mensch. Alles, was ihm über die Leber läuft, hält sich sehr lange in ihm. Er ist sehr nachtragend. Solche Leute haben es im Dorf schwer. Unser Dorf kennt diese Fälle genau. Jeder glaubt auch die Hintergründe aller Vorkommnisse und Geschichten genauestens zu kennen. Vom Gemeindeangestellten, der täglich zu Mittag sein Bier haben muß, und von einigen anderen Alkoholikern müssen wir hier schweigen. Die

Lebensgeschichte dieser Leute ist nicht sehr schön. Deswegen muß sie verschwiegen werden.
Manche Leute unseres Ortes kennen auch die Verhältnisse in den Nachbarorten sehr genau. Die Neuigkeiten erfahren sie im Autobus der örtlichen Verkehrslinie, oder sie fahren an den Sonntagen in die Nachbardörfer und lassen sich dort in einem Kaffeehaus oder in einem Gasthaus nieder. Dort erfahren sie sehr viel.
Zu unserem Dorf gehört auch der Müller-Otto. Der steht hinter dem Schüttkasten seiner Mühle. Er ißt ein Stück Brot aus dem Mehl, das er selbst in seiner Mühle gemahlen hat. Das Brot hat er selbst gebacken. Er hat einen eigenen Backofen, und als Inhaber der Mühle hat er das Recht auf die Wasserkraft, und er hat auch ein Stück Wald. Wenn er Lust nach eigenem Brot hat, dann bäckt er eigenes Brot mit eigenem Mehl, gewonnen durch eigenes Wasser, und die Leute aus der Stadt kommen manchmal zu ihm. Diese Leute bestellen dann sein selbstgebackenes Brot.
Sie hätten davon gehört. Sie würden jeden Preis dafür bezahlen. Otto mahlt für sie, und er bäckt für sie.
In der Mühle hinter dem Schüttkasten, in der Bergmahd-Hütte, im Hotel, im geflochtenen Brotkörblein, eingeschlagen in rotkariertes Leinen, in der Milchsuppe, in der Schultasche zwischen Rechenbuch und Zeichenblock, überall gibt es *Brot,* und überall ist es dafür bestimmt, irgendwann von irgend jemand gegessen zu werden.
»Gib uns heute unser tägliches Brot« klingt anders, wenn

es Otto hinter dem Schüttkasten für sich denkt, als wenn es der Bergmäher denkt, der sein Brot am Abend in seiner Kochhütte in warmer Milch aufweicht.
Ein ganz wilder Arbeiter nahm sich, so wird erzählt, bei der Bergmahd kaum Zeit zum Essen. Er mähte und mähte den ganzen Vormittag durch, und er wußte nicht, wann und wie er aufhören sollte. Es war so viel zu tun, daß er unmöglich aufhören durfte und auch keine Zeit hatte, in die Kochhütte zu gehen und dort zu essen. So mähte und mähte er den ganzen Vormittag. Er arbeitete so fest, daß er ins Schwitzen kam und die Zeit vergaß.
In der Früh hatte er vorsichtshalber ein Stück Brot eingesteckt. Das hatte er öfter getan.
Er mähte einen Rücken hinauf und kam dann wieder zurück an den Ausgangspunkt, wo er in der Früh angefangen hatte, und er mähte wieder einen Streifen hinauf und wollte bis Mittag so weiterarbeiten. Am Nachmittag wollte er das gestern Gemähte einbringen, und morgen würde er, wenn das Wetter aushielt, das heute Gemähte in die Hütte bringen. So würde die ganze Woche dahingehen, und nach zwei Wochen würde er zwei Heuhütten voll haben, und das wäre ausreichend, um eine Kuh den Winter durchzufüttern. Das brachte im Frühjahr wieder ein Kalb. Hoffentlich war es ein Kuhkalb. Das könnte er dann aufziehen. Der Bestand in seinem Stall würde steigen.
Er mähte weiter, auch wenn er essen wollte. Wenn er hungrig wurde, so wird erzählt, nahm er das Stück Brot aus

der Hosentasche, biß davon ab und warf den Rest genauso weit vorwärts, wie er es in langjähriger Erfahrung auskalkuliert hatte.

Er warf das Brot genauso weit, daß er bis dahin den großen Bissen, den er zuerst gemacht hatte, mit seinen Zähnen verarbeitet hatte. Also er mähte und biß inzwischen das harte Brot auseinander. Zuerst waren es zwei oder drei Stück in seinem Mund. Dann wurden es immer mehr. Zuletzt war es ein Brei, der weich genug war. Diesen Brei schluckte er hinunter.

Inzwischen mähte er unaufhörlich weiter.

Wenn er den Brei geschluckt hatte, verspürte er wieder Hunger. Er hatte in langjähriger Erfahrung bei der Bergmahd genau herausgefunden; in welchem Verhältnis die Dauer eines ordentlichen Kauvorganges zum Tempo seines Mähens stand. Er wußte auch genau, wie sich der jeweilige Härtegrad des Brotes zur Unebenheit des zu mähenden Feldes verhielt.

Je härter das Brot war, um so mehr Zeit war für den Kauvorgang erforderlich. Die Vorarbeiten des Kauens dauerten mitunter sehr lang, wenn das Brot sehr hart war.

War die Wiese besonders steinig, steil und uneben, so legte er während des Kauvorganges nur ein entsprechend kleines Stück zurück.

Im Laufe vieler Jahre hatte sich ein ganz bestimmter Ablauf und ein genau geregelter Abstand ergeben.

Das Brot, so hatte er herausgefunden, hatte nach zwei,

drei oder vier Tagen genau den Härtegrad, den er auf Grund seiner Erfahrungen brauchte.

Dasselbe galt fürs Mähen. Er wußte genau, wie das Gras beschaffen war, ob es schnittig war, wie oft er dengeln oder wetzen mußte, und er wußte vor allem, wie lang jeder Arbeitsvorgang dauerte.

Freilich konnte er solche Sachen nie nach Minuten oder Sekunden angeben.

Das Maß war vielleicht der Schritt oder die Spannweite seiner Arme.

Das Maß war aber auch der Kauvorgang für ein Stück Brot. Das Maß war noch genauer der Beiß-, Kau- und Schluckvorgang eines Brotes dieser und gerade dieser Sorte, im Alter von drei, vier, fünf oder höchstens sechs Tagen. Auch das war meßbar, wie die Strecke, die er beim Mähen zurücklegte.

Das Maß der Dinge für den Bergmäher war das harte Stück Brot und die Schnittigkeit beim Mähen.

Er wußte schließlich, wie weit er mit dem Mähen kam, bis er den Bissen zerkaut und geschluckt hatte.

Dazu kam noch ein relativ gutes Ziel des Bergmähers. Niemand muß verhungern, wenn er ein Stück hartes Brot hat, niemand geht zugrunde, niemand.

Gib uns heute unser tägliches Brot!

Das ist leicht gebetet.

Aber wenn man es nicht hat, dann nützt auch das nichts.

Wenn es nur wenigstens ein ganz kleines hartes Stück wäre!

Man muß schon arbeiten, um solch ein Stück harten Brotes zu verdienen!
Ja, ein Stück Brot ist ein Segen für die Menschen.
Wenn sie es nicht haben, wenn es kein Brot mehr gibt, dann werden sie grausam zueinander. Dann würden sie sich selbst auffressen, wenn sie könnten.
Wenn sie nicht durch Jahrtausende dazu angehalten worden wären, daß Menschen nicht einander fressen dürfen. Das machen nicht einmal mehr die Neger in Afrika. Der Pfarrer predigte am Fest der Heiligen Drei Könige von den Schwarzen in Afrika. So kam auch in unser Dorf die Nachricht, daß die Schwarzen in Afrika einander nicht mehr auffressen.
Wenn sie Hunger haben, werden auch die Menschen unseres Dorfes rücksichtslos. Im Hungerjahr 1817 haben sie sich gegenseitig das geräucherte Fleisch aus den Selchkammern gestohlen. Da haben sie sich gegenseitig den Fettnapf vor den Augen des Pfarrers zerschlagen. Mit Waffen sollen sie aufeinander losgegangen sein.
Wenn sie Hunger haben, werden sie sich vielleicht wieder einmal zerfleischen.
Der Bauer wußte genau, was er zu tun hatte. Im Kalender hatte er gelesen, daß er gebraucht würde. Ohne den Bauern könnten die Leute in den Städten nicht existieren. Und sie würden dem Herrgott dankbar sein, daß es den Bauern gibt.
Jetzt nahm er das Brot und biß ab. Er steckte das Brot in die Tasche seiner Hose zurück.

Noch einmal nahm er das Brot heraus, brach ein Stück ab, nahm das Stück in seine rechte Hand und schleuderte es ein großes Stück vor sich.
Dann arbeitete er weiter.
Dabei aß er.
Ein anderes Mal, wenn das Arbeiten nicht so hart war, würde er dabei beten. Er würde den Rosenkranz beten, den schmerzhaften. Den hatte er am liebsten. Mit den vier Geheimnissen dieses Rosenkranzes konnte er am meisten anfangen. »Der für uns Blut geschwitzt hat, der für uns gegeißelt worden ist...« Das erinnerte den Bauern an etwas aus seinem Leben. Er wußte noch nicht, an was. Er mähte weiter. Er dachte nicht mehr an das Brot. Erst als er hineinmähte, dachte er wieder daran. Er nahm die auseinandergemähten Stücke, nahm eines in den Mund.
Noch lange kaute er daran herum. Die Sense hatte sein Brot zerschnitten.
Wieder nahm er die Sense und mähte weiter, bis die Sonne unterging. Heute war er noch nicht müde. Aber er hatte Hunger nach etwas Warmem.
Die anderen Leute des Ortes hatten am Abend auch Hunger nach etwas Warmem. Nach Rindsschnitzeln und Koteletts. Die Ratten taten sich auch gut daran. Seit es sie gab, konnte es keinen Hunger mehr im Dorf geben.
Der Hunger war aus unserem Dorf verschwunden. Dafür waren die Ratten gekommen.
Sie wurden auch in unserem Dorf zum Gradmesser unseres bescheidenen Wohlstandes. Je mehr Ratten es gab,

desto mehr Überfluß gab es. Die Abfälle stanken nach Rattendreck. Dort nisteten sie sich ein und zeugten in den Abfallhaufen neue Rattengeschlechter.

Der Bauer merkte nichts davon. Er mähte. Er bekam Risse und Schrunden an den Händen. Er bekam im Laufe der Jahre eine immer mehr gebückte Haltung. Daß ihn der Rücken schmerzte, daß er beim Beten die Perlen des Rosenkranzes kaum mehr mit seinen klobigen Fingern ertasten konnte, das merkte er erst spät. Da war er schon alt. Er war abzuschreiben. Für die Gemeinschaft des Dorfes war er nicht mehr. Weil er nichts mehr leisten konnte und weil er kein Handwerk gelernt hatte, war er unnötig. Aber der Pfarrer und der Herrgott brauchten ihn nach wie vor. Doch das wußte er nicht. Während er auf dem Berg war und mühsam das Gras mähte und sein Brot nach vorne warf und darüber traurig war, daß er mit der Sense das Brot auseinandergemäht hatte, sammelten sich unten im Dorf die Fremden, die Gäste aus den Städten und bereiteten sich auf ihre Ferien vor, oder sie genossen bereits die Ferien.

Da fiel es ihm ein, daß er früher viel stärker war. Früher, da hatte er in zwei Tagen so viel gemäht, daß er davon ein Kalb während des ganzen Winters füttern konnte. Wenn er heute noch so stark wäre!

4 *Die Fremden kommen*

Die Fremden besetzten an einem Sonntag alle freistehenden Zimmer und legten sich am Abend in alle noch freien Betten des Dorfes. Wie die Ameisen kamen sie an diesem Sonntag angekrochen. Sie setzten sich in alle freien Sessel und belagerten alle Gasthaustische. Der Höhepunkt der Saison war angebrochen. Seit die Fremden in unser Dorf gekommen sind, haben viele Leute ihre Häuser vergrößert. Sie haben Wasserklosette eingebaut. Seit die Fremden da sind, haben sich die Leute des Dorfes daran gewöhnt, daß es ein Bad gibt, und sie sind langsam dazu übergegangen, sich auch selbst zu baden. Das war den Leuten zuerst ganz neu. Sie hielten es für unsittlich und unkeusch. Weil sie sich vorher nie ganz gewaschen hatten und weil sie nur manchmal das Gesicht gewaschen hatten und einmal in der Woche die Füße, da hielten sie das viele Waschen für einen Luxus.

Seit sie die Bäder entdeckt haben, fühlen sie sich gewaschen.

»Ich bin nicht so ein Schwein«, sagte der letzte Unverbesserliche unseres Ortes.

Er wollte sich nicht waschen.

Er sei ohnedies sauber genug. Dem Herrgott sei es gleichgültig, ob er saubere Füße habe oder nicht. Wichtig sei, daß er in den Himmel komme.

Es gab auch solche Leute in unserem schönen Dorf. Die

Fremden fanden jedes Jahr, daß unser Dorf zu den schönsten Dörfern des Gebietes zähle.
Sieben oder acht Jahre war es her:
In einem Lichtbildervortrag hatten die Bewohner unseres Ortes zum ersten Mal etwas von einer Sauna gehört. Und dann bauten sie auch eine Sauna in ihrem schönen Dorf.
Draußen auf den Feldern, droben in den Bergen beginnen die Bauern im Frühsommer mit der Heuarbeit. Je mehr Heu sie in die Heuhütten und Heustadel hineinbrachten, um so mehr Kälber konnten sie im kommenden Winter im Stall behalten. Nach ein paar guten Jahren kamen aber immer wieder schlechtere Jahre. Da kam eine Lawine oder eine Mure oder das Hochwasser, oder die Kälber krepierten im Stall.
Immer kam etwas dazwischen. Wenn nichts dazwischenkam, dann ging es den Bauern ein klein wenig besser als vorher.
Aber es kann bekanntlich nicht immer so gut weitergehen. Sonst müßten die Bauern Hunderte von Kälbern, Schafen und Ziegen haben. Auch die Zahl ihrer Kinder müßte beträchtlich ansteigen. Sie müssen immer wieder ein Stück Vieh verkaufen, oder es geht das eine oder andere Stück ein. Es verreckt an Schwäche. Es ist krank, oder es geht durch ein Unglück zugrunde. Die Kinder sterben auf die gleiche Art.
Der Bauer verkauft die jungen Stiere, nachdem er sie ein paar Wochen gemästet hat. Sie dürfen während dieser Zeit nur Muttermilch trinken. Meist aber geht das eine oder

andere Stück ein. Wenn zu viele Menschen auf der Welt leben werden, dann müssen auch viele eingehen, weil der Boden nicht mehr alle ernähren kann.
Es überlebt nur das gesunde Kalb. Wenn man den jungen, gesunden Stier nicht als Mastvieh verkauft, sondern aufzieht, dann wird er groß und stark, ein richtiger Stier, mit dem der Obmann und alle Mitglieder der Viehzuchtgenossenschaft ihre helle Freude haben. So freuen sich alle, wenn Vieh, Getreide und Kinder gut gedeihen. Der Bauer freut sich und die Bäuerin und die Großeltern und der Pfarrer und der Bürgermeister und das Finanzamt und die Mitglieder der Viehzuchtgenossenschaft.
»Hauptsache, wenn alles gesund und wohlauf ist.«
Ja, so ist es recht!
Man kann nur mit großem Staunen zusehen, wie die Bauern des Tales seit alters her ihre Felder und Äcker mit den einfachsten Mitteln bebauen und wie sie ständig in großer Gefahr sind, irgendwann einmal auf den steilen Hängen abzurutschen und sich zu Tode zu fallen.
Es gibt durchs ganze Tal alle paar hundert Meter die Martertäfelchen, und diese künden davon, wie viele Menschen und auf welche Weise sie zu Tode gefallen sind.
Der eine ist beim Mähen auf den steilen Wiesen ausgerutscht und jählings in die grausige Tiefe gesaust. Der andere hat, auf dem schmalen Weg mit einem Rindvieh dahinschreitend, das Rind, das durch irgendein Vorkommnis erschreckt worden ist, nicht mehr halten können. Das Rind ist mit dem Treiber über den Weg hinaus. Beide zu-

sammen sind sie in die Schlucht gefallen. Gedenke seiner Seele, Christ, wenn du hier vorüber gehst! Verharre im Gebete, und gedenke seiner Seele! Wenn du kannst, verharre still an dieser Stelle, bekreuzige dich, verharre, bete ein Vaterunser! Gib acht! Dann magst du weitergehen. Ein anderes Mal ist eine gewaltige Mure losgebrochen und hat die beiden Wanderer, die auf dem Marterl abgebildet sind, in die Tiefe gerissen. Das ist auf dem Täfelchen genau dargestellt. Viele Menschen sind hier schon vorbeigekommen und haben der Seelen dieser beiden im Gebet gedacht. Die Leute, die diese Bildchen malen, sind unbekannt. Das tut aber nichts zur Sache.
Vom Marterlbild weg ist es ein weiter Sprung in die Hotelbar. Am Abend steht dort der Barmixer hinter der Bar. Es ist ein Einheimischer, der es zu etwas gebracht hat. Den wichtigen Posten hat er ausschließlich auf Grund seiner weit überdurchschnittlichen Tüchtigkeit bekommen. Nichts anderes war maßgebend. Er mixt Getränke.
Das hat man früher in unserem Dorf nicht gebraucht. Das war nicht nötig. Seine Mutter sagt immer, ein Barmixer sei völlig unnötig. Sie reden selten darüber. Jetzt gibt es eine große Zahl neuer Getränke.
Alle haben einen Namen. Mischt man nun ein Getränk mit dem anderen, so hat dieses gemischte Getränk einen neuen Namen. Mischt man nun das erste Getränk mit einem dritten oder mit einem vierten Getränk, dann hat jedes Getränk wieder einen eigenen Namen. Man kann aber auch das Getränk eins mit dem Getränk zwei und drei mischen;

dann sind drei Getränke zusammen wieder ein neues Getränk mit einem neuen Namen. Das kann beliebig fortgesetzt werden. Alle neuen Getränke haben einen neuen Namen. Da außerdem die Namen zumeist englisch sind, gehört eine unglaubliche Begabung dazu, sie sich alle merken zu können. Der Schüttelbecher hat einen neuen Ton ins Dorf gebracht. Der Barmixer steht hinter der Bar und reicht einem Gast, der auf dem Barhocker sitzt, ein Mixgetränk.

Der Barmixer muß wissen, worauf es ankommt, welche Gäste welche Getränke wollen.

Eine neue Kultur ist eingezogen und hat das Dorf erobert.

Auch der Schilehrer muß viel wissen.

Ja, er muß sehr viel wissen.

Und er muß sehr stark sein.

Er kommt einer wildgewordenen Kuh mit einem Griff bei. Er greift ihr mit der Faust in das eine Nasenloch und hält das andere Nasenloch zu. Dann wird sie ruhig.

Der Bauer weiß, wie er den Pflug drehen muß, damit er die richtige Tiefe bekommt.

Auf die Erfahrung kommt es an, sagen die Leute. Beim Schilehrer, beim Barmixer, beim Kuhbändiger, beim Bauern am Pflug.

Daß der Barmixer ein Einheimischer ist, das hat mehrere Gründe. Das liegt unter anderem an seinem Aussehen. Er schaut gut, ja blendend aus. Das mögen die Fremden. Weiße Zähne, braune Gesichtsfarbe, auffallend kehliges

Lachen, urige Laute. Er kann sehr viel. Dieser und die vielen anderen.

Der älteste Sohn des Gemeindeangestellten Josef ist Barmixer in einem der Hotels des Ortes.

Er hat ein gutes Mundwerk. »Er ist nicht aufs Maul gefallen.« Das muß man ihm lassen. Er kann sich mit den Leuten gut unterhalten. Ein gescheiter Kerl. Hätte studieren sollen.

Sein Vater ist Alkoholiker, ein bescheidener, unauffälliger Säufer. Still und bescheiden. Und dessen Vater wieder war noch Bauer gewesen. Hinter dem Pflug ist er noch her gegangen. Umständehalber, sagen die Leute, habe er verkaufen müssen.

Der Tierarzt konnte nicht feststellen, ob der Stall verseucht war.

Die Kälber gingen hintereinander ein. Dann die Kühe. Sie hatten in der Früh Schleim vor dem Maul, schnauften schwer und stanken aus dem Maul.

Kälber sind wichtige Einnahmequellen für die Bauern. Die Hexe hat ihre Hand im Spiel gehabt.

Im Gasthaus redeten sie lange davon. Noch nach Jahren redeten sie davon, wenn sie daran erinnert wurden und wenn sich die Gelegenheit dazu ergab. Solche Dinge gehen nicht so schnell aus den Köpfen der Leute. Das sind Ereignisse.

Außergewöhnliche Ereignisse sind das.

Wenn die Leute gemeinsam darüber reden können und von dieser Sache mehr wissen als die Bewohner des Nach-

barortes, dann fühlen sie sich in Gemeinschaft verbunden. In der Früh kam ein Beamter ins Dorf zur Versteigerung. Am anderen Tag verließ der einstige Bauer das Dorf. Draußen im Tale kaufte er sich ein kleines Gasthaus. Als das Gasthaus einging, kam er wieder in unser Dorf zurück. Dort blieb er. Zuerst war er Knecht bei einem Bauern. Dann wurde er Hausdiener im ersten Hotel des Ortes. Damals gab es nur dieses eine Hotel. Schließlich wurde er Geschäftsführer des Kleiderhauses. Der Sohn wurde Gemeindeangestellter, das war ein angesehener Beruf, ein öffentliches Amt. Ein Amt ist etwas Großes für die Leute.
Vielleicht könnte er sogar Bürgermeister werden. Aber er gehört keinem Bund an – nicht den Bauern und nicht den Wirtschaftstreibenden. Die wenigen Arbeiter und Angestellten sind nicht organisiert. Die meisten Arbeiter sind nebenher kleine Bauern. Wenn es darauf ankommt, dann sind sie immer Bauern. Der Gemeindeangestellte Josef war kein Bauer. Die Parteien spielten im Dorf keine Rolle, weil fast alle bei der konservativen Partei waren. Die sozialdemokratische Partei war unbedeutend.
Der Gemeindeangestellte Josef trank. Sein Sohn war Barmixer geworden, sein Vater war noch Bauer gewesen. Die Steigerung war deutlich.
Ohne öffentliche Funktion gab es kein öffentliches Amt. Der Gemeindeangestellte Josef wußte um die Bedeutung seines Amtes. Der Junge brauchte seinen Vater.
Bei der nächsten Gemeinderatswahl würde der Barmixer

vielleicht kandidieren. Das müßte mit einer parteiunabhängigen Liste gelingen können. Aber eine parteiunabhängige Liste ist in unserer Gemeinde, wo es fast nur »Schwarze« gibt und wo die Partei so dominierend ist, fast nicht möglich.

Aber dem Bürgermeister, der Kraft seines Amtes immer mehr in sein Amt hineinwuchs und immer gebildeter wurde, konnte er heute noch nicht beikommen. Der Herr Pfarrer war selbstverständlich der Gescheiteste im Ort. Er hatte am meisten und am längsten studiert.

Er war der einzige, der überhaupt studiert hatte.

Die Bauern wählen alle den Bürgermeister, den auch die Hoteliers, die Fremdenheiminhaber, die Handwerker, die Arbeiter und die Angestellten wählen.

5 *Sankt Kathrein stellt den Tanz ein*

An den Sonntagen und an den Feiertagen läuten die Glokken sehr feierlich. An den höchsten Feiertagen, da läuten sie so feierlich, daß den Leuten darob das Herz im Leibe lachen könnte.

»Mei, wie schön.«

Daß die Leute unseres Dorfes durchwegs sehr fromm sind, kann man am Kirchenbesuch an den Kirchtagen erkennen. Nicht nur an den Kirchtagen. Aber wir haben zu Sankt Katharina Kirchtag. Viele hundert Orte in unserem Lande haben an diesem Tag ihren Kirchtag. Unsere Patronin ist die mit dem Rade. Der Herr Pfarrer hat in der Schule genau erklärt, unter welchen Umständen die heilige Katharina zur vielgefeierten Heiligen wurde und wie sie ums Leben kam.

Die Kinder, die jetzt in die Schule gehen, wissen, daß ihr Ort sehr wichtig ist.

Es genügt, wenn ein kleines Stück von Katharinas Hinterlassenschaft, ein Fetzchen ihres Kleides, ein Holzsplitter aus ihrem Sarg oder sonstwas in der Kirche vorhanden ist. In unserer Kirche wird in einem kostbaren gläsernen Schrein ein Stückchen des Rades, mit dem sie nach der Legende gerädert worden sein soll, aufbewahrt. Dieser Splitter wird hoch verehrt.

Deswegen ist am Katharinatag Kirchtag in unserem Dorf.

Eines Sonntags regte sich der Pfarrer von der Kanzel herunter auf, daß in seiner Pfarrgemeinde nicht mehr Mädchen Katharina getauft würden.
Das müßte anders werden.
In den nächsten Jahren hatte es dann eine wahre Flut von Katharinen gegeben. Katharina wurde neben Petra und Melitta der beliebteste Mädchenname.
Am Kathreintag wurde früher der Tanz eingestellt. Seit unser Dorf aber ein Fremdenverkehrsdorf ist, darf in der darauffolgenden Adventzeit für die Gäste zum Tanz aufgespielt werden.
»Die einheimische Jugend hat solchen Tanzveranstaltungen fernzubleiben.«
Das wurde in einem Gemeinderatsbeschluß vereinbart. Der Pfarrer hatte zugestimmt.
Der Name Katharina wird im Spruchgut unseres Gebietes vielfach verwendet. Am bekanntesten ist der Spruch von der »Ratschkathl«. Ratschen heißt tratschen. Tratschen kommt nahe der Verleumdung. Diese Kathl ist in vielen Häusern daheim und in vielen Orten und sogar auf den höchsten Höhen und bei den Hoteliers in den Küchen.
Heute ist der Vorabend des Kirchtages. Da geht es hoch her in den Küchen, beim Backen und Braten und Grillen und Ratschen. Es kann nicht in allen drei Gasthöfen, in den beiden Hotels und in der Diskothek zugleich eine Tanzunterhaltung geben. Die Diskothek ist außerhalb der Saison geschlossen.
Sie wird erst wieder am Heiligen Abend eröffnet. Eines

der Hotels hat um diese Zeit ebenfalls geschlossen. Ein Hotel und drei Gasthöfe bieten sich an.
Auch im Haus des Schusters ist allerhand los. Alle Söhne sind bei der Musikkapelle. Sie werden am Kirchtag getrennt in zwei Gruppen auftreten. Die eine Gruppe spielt modern, die andere spielt ländlich-bäuerlich.
Da gibt es die »Silberspitzbuam« aus dem Nachbarort und die »Lustigen Wildkogler« aus unserem Ort. Sie spielen sehr flott. Die Mädchen, die morgen das erste Mal öffentlich zum Tanz gehen, sind sehr aufgeregt.
Der Obmann des Fremdenverkehrsverbandes und der Obmann des Wirtschaftsbundes, der gleichzeitig der Bürgermeister ist, sitzen am Abend vor dem Fest lang im Wirtshaus des Wirtschaftsbundobmannes und beraten darüber, wie die von ihnen beiden gemeinsam erarbeiteten Pläne realisiert werden könnten.
Was soll den Gästen des Ortes im kommenden Jahr oder vielleicht schon zu Weihnachten an besonderer Attraktion geboten werden? Was gibt es in den anderen Orten noch nicht? Darauf kommt es an. Der Fremdenverkehrsobmann denkt an viele Dinge, an besonders raffiniert gekleidete Trachtenmusikkapellen, an eine Schuhplattlergruppe in Badeanzügen.
»Dafür ist es bei uns zu kalt.«
Der Wirtschaftsbundobmann, der gleichzeitig Bürgermeister ist, weiß nicht konkret, was er sich vorstellt.
»Was weiß ich!«
Sportveranstaltungen, Wettrennen, Pferderennen, Sauf-

wettbewerbe. Die Köpfe rauchen. Die Stimmung ist gegen Mitternacht nicht mehr am besten. Sie konnten sich nicht einigen.
Schade! Die heilige Katharina hätte vielleicht helfen können. »Verdammt, warum haben wir den Pfarrer nicht eingeladen?«
»Warum? Warum? Du hättest ihn einladen müssen!«
Für die alte Frau, die hundert Kilogramm Kohlen zum halben Preis in einer Aktion bekommen hat, ist der Kirchtag ein Tag wie jeder andere auch.
Sie lebt seit Jahren still und zurückgezogen in ihrer kleinen Wohnung.
Sie beschäftigt sich viel mit Stickereien für die Mission, und sie spart sich viele Bissen vom Mund ab, bis sie den Enkelkindern zu Weihnachten etwas kaufen kann.
Heute kam der Bürgermeister zu ihr in die kleine Wohnung. Das kleine Weiblein, die alte Frau, heißt Katharina. Bei den Leuten heißt sie Kathl. Im Zuge einer sogenannten Sozialaktion kam sie zu dieser Ehrung.
Laut einem Gemeinderatsbeschluß werden alle über achtzig Jahre alten Mitbürger der Gemeinde mit einer kleinen »sozialen Aufmerksamkeit bedacht«. Der Bürgermeister kommt persönlich und bringt ein kleines Geschenkpaket. Der Inhalt besteht aus einem Sackerl Bonbons und einem Bild, schön mit einem bunten Rahmen gerahmt.
»Weil der so ein guter Mensch ist«, bedankte sie sich bescheiden und zuvorkommend. Der Bürgermeister ging wieder. »Weil der so ein guter Mensch ist«, sagte sie immer

wieder. Sie murmelte glücklich vor sich hin, murmelte glücklich über die Ehrung.
Es fiel ihr schwer, das Bild anzufassen. Sie hielt es in der Hand, und sie las. Die alte Kathl las. Es war schwer, den Text zu lesen.
Sie hätte unbedingt eine Lesebrille gebraucht. Der Bürgermeister hätte ihr zum Namenstag eine Lesebrille bringen sollen.

»Der treuen Katharina für langjährige und eifrige Pflichterfüllung zum 80. Geburtstag.«

Sie hatte lange gebraucht, um diese Schrift zu entziffern. Die Unterschriften des Bürgermeisters und der Gemeinderäte konnte sie nicht mehr entziffern. Sie schlief überglücklich wegen der hohen Ehrung, die ihr zuteil geworden war, über den Tisch gebeugt ein.
So fand man sie einige Tage später. Am Kirchtag selbst war es nicht möglich, daß jemand aus dem Dorf an sie gedacht hätte. Alle hatten viel zu tun.
Der Kirchtag selbst war ein strahlend schöner Spätherbsttag. Einen solchen Tag nannten die Leute einen »Bilderbuchtag«. Von allen Bergspitzen herunter leuchtete der Neuschnee im Schein der ersten Morgensonne, noch lange bevor herunten im Tal die Sonne schien.
Rings um das Dorf lag ein wundervoller Friede. Man müßte fast Angst haben um eine solche Ruhe. Es könnte

sich jeden Augenblick etwas ändern. Aber es geschah nichts. Den alten Brauch, am Morgen des Kirchtages vom Schießplatz herunter die Böller krachen zu lassen, hatte man aufgegeben. Seitdem läuteten nur mehr, und zwar um punkt sechs Uhr, die Glocken.

Zum Hochamt um neun Uhr strömten alt und jung, festlich gekleidet, in die strahlend beleuchtete Kirche. Die Orgel dröhnte auf, ganz mächtig, wie es nur wenige Male im Jahr geschah; zur Mette beim Gloria, am Karsamstag zur Auferstehungsfeier und zu Maria Himmelfahrt, einem festlich gelobten Sonderfeiertag. Und auch am Kirchtag trat der Organist so kräftig mit Händen und Füßen auf der Orgel herum, daß den Leuten darob ganz feierlich zumute wurde. Die Kirchtagspredigt handelte wie jedes Jahr vom Leben und Sterben der heiligen Katharina. Die Leute kannten die Geschichte fast auswendig. Sie lauschten dennoch mit immer gleicher Inbrunst. Viele Frauen waren zu Hause geblieben. Sie waren in der Frühmesse gewesen oder gingen überhaupt nicht in die Messe. An einem solchen Festtag mußten sie doch ein besonders festliches Essen zubereiten. Das erfordert viel Zeit.

Die Frauen schwitzten hinter den Herden. Am leichtesten hatten es die mit den modernen Küchen, mit den Elektroherden, Geschirrspülautomaten, Einbaukühlschränken und Dunstabzugshauben. Sie machten die gleichen Mehlspeisen, wie sie seit vielen, vielen Jahren, seit »unvürdenklichen« Zeiten, immer gemacht wurden. Es sind dies die Krapfen, ein Schmalzgebäck, mit einer Mischung aus Birnen und Mohn gefüllt. Ein Kirchtag ohne Krapfen ist kein Kirchtag!

In anderen Orten ist ein Kirchtag ohne Wirtshausrauferei nicht denkbar. Bei uns ist das ganz anders. Bei uns herrscht Ruhe und Ordnung.

Gegen Mitternacht ging Otto durch die Hauptstraße des Ortes und besah die Schaufenster der Geschäfte. Es war nicht viel los um diese Jahreszeit. Es war keine Saison. Er merkte, daß den Leuten etwas fehlte, wenn sie nicht die fremden Gäste um sich hatten, wenn sie sich nicht eilfertig um die Gäste bemühen konnten. Es war ein flaues Gefühl, so kam ihm vor, das die Leute in der Zeit außerhalb der Saison haben mußten, wenn kein Geld auf das Konto bei der Raiffeisenkasse eingezahlt wurde. Im Sommer, da war es ganz anders. Da war Leben und Treiben in unserem schönen Ort. Wenn die Geldzeit vorbei war, wurde es vielen Leuten zu ruhig. Da half das Gasthaus, das Saufen, der Tratsch. Manche Männer hatten in dieser Zeit etwas zum Basteln. Die meisten saßen im Wirtshaus. Sie schlugen beim Kartenspiel heftig auf den Tisch. Das war ihre Abwechslung.

Otto besah sich alle Geschäfte des Ortes. Am besten gefiel ihm die Auslage des Sportbekleidungsgeschäftes, weil dort eine alte einheimische Truhe als Verkaufspult umfunktioniert worden war. Was ihn aber daran fesselte, war ein Name. Er wunderte sich. Wie kommt diese Truhe hierher? »Katharina Rauterin« stand in verschnörkelter Schrift darauf zu lesen. Wer war Katharina Rauterin? Das ist

schwer feststellbar, weil dieser Name in unserer Gegend nicht heimisch ist. Der Geschäftsinhaber hatte die Truhe offenbar anderswo gekauft, vielleicht im Antiquitätenhandel.
Wichtiger war, daß in diesem Geschäft auch die neuesten Après-Ski-Modelle ausgestellt waren und die neuesten Schischuhe in allen Farben, aufeinander abgestimmt, mit Schihandschuhen und Wollhauben.
Auf dem Ständer, auf dem die Ansichtskarten steckten, entdeckte Otto auch ein Büchlein mit dem Titel:

»Sprüche und Verse aus den Alpen –
mit vielen farbigen Bildern.«

Als Titelbild hatten die Herausgeber offenbar einen Ausschnitt aus einem Votivbild gewählt, auf dem die heilige Katharina soeben gerädert wurde. Darunter war ein für ihn durch das Schaufenster nicht lesbarer Spruch. Er konnte nur so viel sehen, daß die beliebte Heilige mit einer Jungfrau und mit der Tugend der Keuschheit in Zusammenhang gebracht wurde. Morgen würde er sich das Buch kaufen, beschloß er.
Auch nahm er sich vor, in der Heiligenlegende unter dem Datum 25. November, also unter »Katharina«, nachzulesen.
Beim Kirchtagmahl wurden alle Leute satt. In den meisten Häusern gab es Nudelsuppe mit Würsteln darin, dann Wiener Schnitzel, obwohl man die Wiener nicht mochte,

oder Schweinsbraten mit Reis, und dann noch Krapfen. Die sogenannten »Besseren«, das waren nach Ansicht der Dorfbewohner die Hoteliers, die Geschäftsleute und einige Fremdenheiminhaber, tranken Weißwein zum Essen. Auch die geistige Elite des Dorfes trank Weißwein. Das wußte Otto, weil er im vergangenen Jahr zum Kirchtag beim Pfarrer eingeladen war und ein Jahr vorher beim Volksschuldirektor. Der hatte damals gesagt, auch der Hauptschuldirektor trinke Weißwein.

Die anderen Leute tranken Bier. Früher habe man selbstgemachten Preiselbeersaft zum Essen gelöffelt. Noch früher habe man zum Essen am Kirchtag meist überhaupt nichts Flüssiges zu sich genommen. Nun, zu den Krapfen konnte man Magermilch trinken. Das verstieß durchaus nicht gegen die guten Sitten.

Es gab kaum einen Haushalt, wo es täglich Magermilch gab, einige der rückständigen Bauern ausgenommen. Diese Bauern konnten auch nicht zum Tanz am Abend in ein Gasthaus gehen, schon gar nicht in ein Hotel. Eine Tanzveranstaltung war als »Ball« ausgeschrieben. Auf dem Plakat stand, die »Lustigen Wildkogler« würden spielen.

»Da schauts einer an«, sagte einer der Bauern, »da spielt ja mei Bua mit.« In der Tat.

Nicht einmal eine Freikarte gab es deswegen für den Vater.

»Was muß der Vater in der alten Lodenhose herumlaufen?« Der fortschrittliche Sohn war empört.

Es gab mehrere Bauern, die sich nicht entschließen konn-

ten, die alten selbstgefertigten Lodenhosen, die selbstgewirkten Leinenhemden mit Stehkragen, die Lodenröcke und die derben Schuhe abzulegen.
Otto kam nicht dahinter, warum die alte Truhe der Katharina Rauterin in das moderne Verkaufsgeschäft gekommen war. Das war doch ein altes Stück. Ein Stück Vergangenheit.
Otto kam auch nicht dahinter, wenigstens nicht in den Gesprächen mit dem Bürgermeister, mit dem Fremdenverkehrsobmann und dem Obmann der örtlichen Musikkapelle, warum auf den Prospekten unseres Ortes ein Trachtenpärchen, eine wie es hieß »urige, gemütliche« Almhütte und ein wie es hieß »typisches Dorfmotiv« mit drei alten Stadeln in den Mittelpunkt gerückt waren.
»Solche Sachen ziehen«, hörte er irgendwann aus dem Munde eines Verantwortlichen. »Warum?« fragte er. Er bekam keine Antwort. Der Kirchtagstanz in den Lokalen ging ohne die halsstarrigen, altertümlichen, altmodischen und rückständigen Bauern vor sich. Nächstes Jahr würden die drei alten Stadel abgerissen, weil die Straße durch das Dorf verbreitert werden müsse. Soso. Otto wagte nicht zu fragen, was dann für ein »typisches Dorfmotiv« auf den Prospekt komme.
Die Zahl der Besoffenen war beim diesjährigen Kirchtag wieder etwas höher als im Vorjahr.
Die jungen Burschen tranken teure Getränke mit ausländischen Namen. Sie vertrugen offenbar sehr viel davon. Auch die Mädchen tranken davon, ein wenig sparsamer als

die Burschen. Besonders die Burschen, die im Winter als Schilehrer tätig waren, taten sich hervor. Sie prahlten vor den einheimischen Mädchen mit den großartigen Geschichten von ihren Heldentaten, von ihren Geschichten mit den Mädchen aus Deutschland, aber besonders aus England.
Einem der Mädchen wurde das Geprahle zu aufdringlich. »Pfui Teufel!« schrie sie und spuckte ihrem Tanzpartner ins Gesicht.
Das war dem jungen Burschen aber zuviel. Der Bruder des Mädchens griff kampflustig ein. Es gab eine kleine Rauferei, einige Tage später einige Strafmandate, Anzeigen bei der Behörde. Die Sache konnte vergessen werden, da die Burschen zahlten.

6 *Die Ruhe des Spätherbstes liegt über dem Dorf*

Otto war noch immer auf der Suche nach den Zusammenhängen zwischen den Geschehnissen des Kirchtages, der alten »Katharina-Rauterin«-Truhe im Sportgeschäft, dem Leben der heiligen Katharina, dem Keuschheitsgelöbnis des Jungfrauenbundes und der scheinbaren Zufriedenheit der Leute unseres Ortes. Es gab in diesen ruhigen Monaten nicht ein einziges lediges Kind, keinen Raubüberfall, nicht einmal einen Fahrraddiebstahl, kein einziges Sittlichkeitsverbrechen. Die Raiffeisenkasse verzeichnete Rekordumsätze.

Otto konnte sich auch nicht erklären, warum die alte Frau mit den um fünfzig Prozent ermäßigten Kohlen erst nach einigen Tagen in ihrer kleinen bescheidenen Wohnung, über den Tisch gebeugt, tot aufgefunden werden konnte.

»Das ist ein Skandal«, sagten die einen.

»Na ja, es ist besser für sie gewesen«, sagten die anderen.

Die Tage der Kathl waren gezählt.

»Sie verdient ein schönes Begräbnis.«

Das Leben im Dorf ging weiter.

Da stehen vereinzelt ein paar Häuser. Sie sind nicht restauriert, nicht den Erfordernissen angepaßt. Sie stehen abseits der Straße. Deswegen. Weitab von der Bundesstraße. Vereinzelt. Weil man sie nicht hergerichtet hat, erscheinen sie in den Prospekten der Gemeinde, zu der sie gehören,

nicht. Das macht nichts. Vielleicht hat man sie vergessen. Seitdem in diesen Häusern keines der Gemeinderatsmitglieder wohnt, ist der Bau der Straße, die schon projektiert gewesen war, wieder unterblieben.
»Wo käme man denn hin?«
Der Herr Bürgermeister hatte schon mehrere wichtige Dinge entschieden. In einer Gemeinderatssitzung soll er gesagt haben: »Leute, was wollt ihr denn, ihr habt ja keinen Gemeinderat.« Mitunter gab es in unserer Gemeinde unter verschiedenen Leuten größere Streitigkeiten, die aber immer wieder mehr oder weniger rasch beseitigt wurden, die mehr in den Häusern blieben und seltener die größere Öffentlichkeit beschäftigten. Was an das Licht der Gemeindeöffentlichkeit drang, mußte schon sehr wichtig sein.
Ganz schlimm für einen Ort ist es, wenn solche Streitigkeiten in die Zeitung kommen oder wenn sie sonstwie außerhalb der Gemeinde einer breiteren Öffentlichkeit zugänglich gemacht werden. Aus dem kleinen Dorf, abseits der Straße, kam nichts an das Licht der Öffentlichkeit, nicht einmal innerhalb der Gemeinde. Weil die Leute verschwiegen waren und weil keine Straße in diesen Ort führte, konnte nichts hinausdringen.
Und das war gut so.
Denn sonst hätte der Herr Pfarrer Wind davon bekommen, und er hätte im Gasthaus des Bürgermeisters mit dem Bürgermeister am Stammtisch seinen Kollegen am Stammtisch davon erzählen müssen, und er hätte vielleicht

am kommenden oder einem darauffolgenden Sonntag von der Kanzel herunter etwas darüber sagen müssen.
Beim anschließenden Diskurs über die Sonntagspredigt und über andere Vorfälle während der Woche wäre dann noch mehr darüber geredet worden. Weil also nichts aus dem Ort über den Ort hinausdrang, so konnte dieses Dorf abseits der Straße auch nicht an den Segnungen der aufstrebenden Fremdenverkehrsgemeinde teilhaben. Da einmal in unserer Gegend und auch in anderen Gegenden die Vergabe von Subventionen und in weiterer Folge die Vergabe von Fremdenbetten sowie die laufende Versorgung mit Gästen ohne ein Mindestmaß an Protektion nicht gewährleistet werden konnten, so mußte der abseits gelegene Ort zu kurz kommen.
So geschah es in jeder Hinsicht.
Es gab in diesem Dorf vier Bauernhäuser, vier dazugehörige Ställe, vier Schuppen und zwei Getreidekästen. Außerdem gab es einen Gemeinschaftsbackofen, eine Gemeinschaftssäge und einen Gemeinschaftsdorfbrunnen. In der Kapelle des Dorfes kamen die Leute oft zusammen. Am Abend versammelten sie sich fast täglich in der kleinen Kapelle, in der nicht mehr als sechs Personen knien und nicht mehr als acht Personen stehen konnten. Sie beteten den Rosenkranz und anschließend die Lauretanische Litanei. Sie konnten die Anrufungen der Lauretanischen Litanei auswendig.
»Du geistliches Gefäß!«
»Bitt für uns!«

»Du ehrwürdiges Gefäß!«
»Bitt für uns!«
»Du vortreffliches Gefäß der Andacht!«
»Bitt für uns!«

Die Kinder wußten ebensowenig wie die meisten Leute des Ortes, was mit all diesen Gefäßen gemeint war. Sie konnten weiterbeten und fanden immer die Anrufung: »Bitt für uns!« Das »Bitt für uns« drang in einer inbrünstigen, verzerrten Form als »Pippfirunz« an die Ohren. So konnte man es immer wieder hören, wenn man am Abend zu dem Dorf abseits der Straße ging.

Vor einigen Jahren war die Maul- und Klauenseuche im Ort. Sie wütete in allen Ställen. Die Leute machten eine Fußwallfahrt zu »Unserer Lieben Frau hinter dem Berg«. Das war sehr weit weg, dort hinter dem Berg. Kleine Kinder mußten zu Hause bleiben.

Die vier Häuser waren ohne Ausnahme in einem schlechten Allgemeinzustand. Subventionen vom Land oder von anderen öffentlichen Stellen waren nicht zu bekommen, weil die Bauern nicht wußten, wie die Subventionsansuchen abzufassen und zu formulieren waren, und weil ihnen niemand dabei half.

Das Dorf abseits der Straße ging also leer aus. Deswegen kam es auch nicht in den Prospekten der Gemeinde vor. Deswegen blieben ihre Häuser in dem verwahrlosten Zustand.

Deswegen fand es das Gemeindeoberhaupt, der Bürgermeister, nicht der Mühe wert, das Dorf zu besuchen, weil

er als Obmann des Wirtschaftsbundes keinen der Wirtschaftstreibenden dort zu betreuen hatte, weil es abseits der Straße keinen Gewerbetreibenden gab. Nicht einmal für einen gelegentlichen Höflichkeitsbesuch nahm er sich Zeit.
Das Haus vom Franz war im schlechtesten Zustand. Zuerst zeigten sich große Sprünge an der Front des Hauses. Dann brach ein Stück Mauer aus. Die beiden Zimmer, die davon betroffen waren, mußten geräumt werden. Die Familie mußte sich in den verbleibenden Räumlichkeiten noch enger zusammenschließen. Die Familie bestand aus vier erwachsenen Personen und aus sieben Kindern im Alter zwischen zwei und zwölf Jahren. Die Stube mit dem Kachelofen war nicht vom Schaden betroffen.
Das Klosett war ein sogenanntes Fallklosett. Der Dreck und das Wasser fielen etwa zwei bis drei Meter in die Tiefe. Wenn das Klosett im Herbst ausgeräumt war, dann fielen der Dreck und das Wasser fast vier Meter in die Tiefe. Alle Klosette des Ortes waren Fallklosette. Deswegen konnten diese Häuser nicht bei der Vergabe von Fremdenbetten berücksichtigt werden. Laut den Richtlinien des Fremdenverkehrsverbandes und nach Auslegung dessen Obmannes durfte den Gästen keinerlei Geruchsbelästigung zugemutet werden.
Besonders wenn der Südwind wehte oder bevor schlechtes Wetter kam, stank es.
Anderswo stank es auch zu anderen Zeiten.
Die Leute des Ortes liebten aber ihren Ort. Ein wenig lieb-

ten sie auch die Heimatgemeinde, und auch noch für das Tal hatten sie »heimatliche« Gefühle. Aber ihren Ort liebten sie am meisten.
Der Bauer Franz war ein besonderer Mensch. Auch die drei anderen Bauern des Ortes waren besondere Menschen. Sie gingen nicht mit der Zeit. Wer nicht mit der Zeit ging, hatte in einem Ort wie dem unseren nichts verloren. Und deswegen war der Ort abseits der Straße nicht eigentlich zu unserem Dorf zu rechnen, weil unser Ort eine aufstrebende Fremdenverkehrsgemeinde war mit einer geplanten Seilbahn, mit Sesselliften, Schleppliften, mit einer Bar in einem der Hotels, einer Diskothek, einem Fremdenverkehrsverband, mit einem Obmann an der Spitze und einem Geschäftsführer an der Seite.
Nichts von alledem abseits der Straße. Franz ging noch jeden Sommer in die Bergmahd, obwohl diese Arbeit unrentabel war. Er war ein Sonderling. Mehr als die anderen. Er war ein Spinner, ein gutmütiger, harmloser Spinner. Weil er nicht davon abging, neben dem neuen Traktor immer noch sein Pferd zu behalten, wurde er ausgelacht. Weil er sich an den Sonntagen nicht zu den anderen Männern ins Gasthaus setzte, hielten ihn die Leute immer für einen Außenseiter.
Der Franz aber war ein kluger Kopf. Deswegen hatte er im Dorf solche Schwierigkeiten. Er hatte in seiner Jugend nicht studieren können. Das wäre unmöglich gewesen. Der Müller-Otto war auch ein gescheiter Mann. Der war auch ein Spinner. So ist es in unserem Dorf.

Ihr Wissen bezogen sie fortan aus den Kalendergeschichten im Bauernkalender, im Reimichlkalender, aus der Bauernzeitung und aus dem Kirchenblatt. Etwas anderes gab es nicht zu lesen.

Dort stand Jahr für Jahr in beharrlicher Selbstgefälligkeit zu lesen, was für brave und redliche Bauern es gibt, wie sie samt und sonders ihrem Herrgott treu ergeben sind, wie sie alle Prüfungen als von Gott gegeben geduldig hinnehmen, wie sie alles über sich ergehen lassen, was Kirche und Staat über sie verfügen, wie sie stets von neuem ihre Bindung an Boden, Scholle, Glauben, Treue und Heimat unter Beweis stellen. Dort steht auch, wann es Viehmärkte gibt, wann der Bundespräsident Namenstag hat, welche Prominenten im vergangenen Jahr gestorben sind, was der Papst in seiner letzten Weihnachtsansprache gesagt hat. Dort steht auch, was der liebe Kalendermann, was der gute Onkel Kalendermann, was der treu dem bäuerlichen Stand verbundene Kalendermann seinen lieben Mitmenschen im Lande wünscht. Dort findet der Bauer auch die Trächtigkeitstabelle der wichtigsten Haustiere.

Einige böse Leute in unserem Lande sind Außenseiter. Einige Knechte sind Lumpen, einige Mägde sind liederlich. Aber das sind, »Gott sei's gelobt und gedankt«, Ausnahmen.

»Ja, Gott sei Dank!«

Auf den Inseratenseiten werden die Bauern aufgeklärt, was sie auf ihren Hof brauchen, um existenzfähig zu bleiben, um wirtschaftlich auf »der Höhe« zu sein.

Kurzum, sie erfahren, wie sie wirtschaftlich auf dem laufenden bleiben können. Die lieben Bauern leben und sterben, wie sie es von ihren Vätern, Großvätern, Urgroßvätern, ihren Ahnen und Vorfahren gelernt haben.

7 *Rückständige Spinner*

An einem Sonntagnachmittag, als die Männer im Gasthaus saßen und die Frauen mit ihren Kindern spazierengingen, als die alten Leute auf der Hausbank vor dem Hause saßen, als viele Fremde auf den Straßen des Ortes und im besonderen auf der Straße im Ort an der Hauptstraße unterwegs waren, da trieb der Franz vom Dorf abseits der Straße seine drei Kühe und das Kälbchen, das er noch nicht auf die Alm hatte geben können, auf die Waldweide hinter dem Dorf.

Das Vieh graste unter den mächtigen hohen Lärchen. Es bekam genügend Gras, weil sonst niemand sein Vieh auf die Waldweide trieb. Früher war es sehr lebhaft hier. Damals trieben noch alle Bauern ihr Vieh auf die Waldweiden.

Das Vieh graste gemächlich unter den mächtigen hohen Lärchen dahin. Nur hin und wieder klang eine Glocke auf, wenn die Kuh eine Fliege oder Bremse wegschüttelte oder wenn ein Vieh einen Schritt weiterging.

Der Wasserfall rauschte. Auf der Bundesstraße an der anderen Talseite huschten die Autos dahin. Fallweise hörte man Hupsignale herüber. Sie überholten einander. Sie hupten sich an. Die Kühe weideten friedlich. Es gab an diesem schönen Sonntagnachmittag etliche schwere Verkehrsunfälle.

Das Vieh graste. Die Autos fuhren dahin. Die Gasthäuser

an der Straße hatten ein gutes »Sonntagsgeschäft«, so hieß im Volksmund das Geschäft, das die Geschäftsleute am Sonntag machen.
Der Franz saß auf einem Stein und las ein Buch. Nichts konnte ihn davon abhalten, daß er jetzt sein Buch las. Es war ein Heimatroman mit einem Wilderer im Mittelpunkt, von einer reichen Bauerntochter, von einem »feschen Förster«, von »munteren Rehlein«, von viel Leid und Freud, von bäuerlicher Redlichkeit, von großbäuerlicher Stärke, von einem Baron, der in den Ort kam, von einem Rennauto, das bis zum höchstgelegenen Bauernhof hinaufraste, und von einem Tanzboden inmitten blühender Wiesen.
»Teufelszeug, die Wiese zertrampeln lassen!«
Der Franz hatte sich selbst, den Heimatroman und seine Pfeife, die nun ausgegangen war. Deswegen mußte er den Roman beiseite legen, mußte die Zündhölzer aus der Tasche ziehen, die Zündholzschachtel öffnen, ihr ein Zündholz entnehmen, mit dem Zündholz an der Zündfläche reiben und das Feuer an den Tabak führen. Dabei mußte er kräftig an der Pfeife ziehen, und währenddessen konnte er sein Vieh beobachten, seine drei Kühe und das junge Kalb.
»Nicht schlecht.« Das war der erste Eindruck vom Roman. »Geh, das soll wahr sein?« war die spätere Reaktion.
»He, he, he!« Die Sache war lächerlich.
Er las weiter. Die Sache war so: Die Bauern kamen darin nicht gut weg. Außer sie hatten viel Besitz. Der fesche

Förster. Inbegriff männlich-alpenländischer Kraft, Tapferkeit und Schönheit. Die reiche Bauerntochter – ein Luder. Die kleinen, armen Bauern. Rückständige, vertrottelte, naive Wesen aus einer fremden Welt.
Dann ein Tanzboden. Tanzende »Buam und Dirndl« in »schmucken Trachten«, neu aus dem Trachtenmodengeschäft. Alles nigelnagelneu, topfit, fesch und typisch alpenländisch. Franz wurde es zuviel. Er tat einen kräftigen Fluch und warf den Roman den Kühen zum Fraße vor.
Im Gegensatz zu vielen seiner Mitbürger warf Franz einen solchen Roman den Kühen zum Fraße vor. Er hätte ihn auch ins Fallklosett werfen können. Franz war konsequent. Franz war ein Sonderling. Er war aber gescheiter als die anderen. Auch der Müller-Otto war ein solcher.
»Pfui Teufel!!«
Franz ging zu seinem Vieh. Er kraulte seine Kühe, die nacheinander herankamen, am Hals und am Rücken. Sie standen still und unbeweglich. Die Kühe wußten, was der Franz mit ihnen wollte. Jede von den dreien hatte einen Namen. Die Namen wurden nach den Eigenarten gegeben:
Schwarze, Stumpfhornige, Zornige.
Das kann nur der Bauer wissen, der mit seinem Vieh noch redet. Bei den Schafen ist das Verhältnis nicht so persönlich. Er hat auch einige Ziegen. Da hat er ein eher gestörtes Verhältnis. Die Schweine haben beim Bauern keine Namen. Die Hühner sind ein Massenvolk. Sie legen Eier. Die Schweine liefern Speck und Würste.

An diesem Sonntagnachmittag gegen sechzehn Uhr kam ein elegantes Auto in den Ort abseits der Straße. Das Fahrzeug hielt an, und ihm entstieg ein vornehm gekleidetes junges Paar.
»Wohnt hier der Franz?«
»Freilich! Ja, der wohnt hier.«
»Danke!«
Sie schauten durch die Dorfgasse, sie sahen die alten Gebäude des Ortes, die Schuppen, Ställe, Häuser, den Backofen, die Getreidespeicher. Sie sahen, um welches Dorf es sich hier handelte. Sie hatten den Franz gefunden. Er hatte sie freundlich gegrüßt. Der Franz hatte sie kommen sehen. Franz ist ein glücklicher Mann. Was ihn plagt, ist schwer zu sagen. Die beiden Fremden sehen sofort, daß das Dorf abseits der Straße sehr schön ist. »Das sind solche«, hatte sich der Franz gedacht. Es stellte sich heraus, daß die beiden Fremden weitschichtige Verwandte von Franz waren. Die Urgroßeltern des jungen Mannes sind nach Deutschland in eine große Stadt ausgewandert.
»Das ist freilich eine interessante Sache.«
Sie haben lang über die Stadt gesprochen und über das Dorf hier. Der Franz hatte viel gehört, viel gelernt, viel in sich aufgenommen. An den kommenden Sonntagnachmittagen wird er Zeit haben, das Aufgenommene zu überdenken. Er hatte sehr viel mit unserer Geschichte zu tun. Sie erschien einige Wochen später in einer großen und weitverbreiteten Illustrierten. Es war eine mehrseitige farbige Dokumentation.

Der Franz hatte einige »Belegexemplare« zugesandt bekommen.
Bei Gelegenheit würde er den Bericht dem Bürgermeister und dem Pfarrer zeigen.
Das sollte er besser unterlassen. Denn dann würde der Ort abseits der Straße an das Licht der Öffentlichkeit gerückt, beinahe würde dorthin das Zentrum des örtlichen Fremdenverkehrs der aufstrebenden Fremdenverkehrsgemeinde verlegt werden. Beinahe würde dem Franz ein Gemeinderatsmandat angetragen. Der Bericht würde eine Flut von Reaktionen auslösen.
Wie kommt ein so armseliger, verlassener Ort dazu, in einer so bedeutsamen Illustrierten beschrieben zu werden? Dazu ist vielmehr der Hauptort an der Straße berufen. Die Leute wollten es nicht wahrhaben. Der Bürgermeister tobte. Der Pfarrer warnte die Leute von abseits der Straße vor Übermut und Hochmut, und er legte ihnen mit eindringlichen Worten die Größe ihrer Verantwortung nahe. Andere Orte wären ja auf solche Sachen vorbereitet gewesen. Aber ausgerechnet dieser Ort! Nicht auszudenken!
»Da muß etwas geschehen!« sagte der Bürgermeister bei der nächsten Gemeinderatssitzung. Der örtliche Autobus- und Taxiunternehmer hatte bereits den Fahrplan der neu zu eröffnenden Autobuslinie zum Ort abseits der Straße ausgearbeitet. Die Straße muß gebaut werden.
»Eine Straße muß her!« Das Ansehen des Hauptortes an der Straße wurde in dem Maße geringer, wie das Ansehen des Ortes abseits der Straße anstieg. Die Vordringlichkeit

von Gemeinderatssitzungen, Pfarrkirchenratssitzungen, Fremdenverkehrsverbandssitzungen war offensichtlich.

Es mußte gehandelt werden.
»Wir müssen zusammenstehen«, predigte der Taxiunternehmer.
Es geschah nichts.
Man verstand nicht, den sensationellen Beitrag in der großen Illustrierten fremdenverkehrstechnisch und wirtschaftspolitisch auszunützen.
Die Bewohner des Ortes abseits der Straße hatten es abgelehnt, daß der Bürgermeister in ihrem Ort ein Hotel erbaut und daß der Taxiunternehmer eine Garage für seine Fahrzeuge in ihrem Ort baut. Wenn jemand in ihrem Ort etwas tun wollte, so würden sie es selbst machen.
Kein anderer bekäme eine Baubewilligung in diesem Ort.
Es geschah nichts, weil die Verantwortlichen vom Hauptort an der Straße nicht einig waren.
Sie gaben keinen Quadratmeter Grund an einen Ortsfremden.
Der Franz lehnte die Mitgliedschaft im Gemeinderat strikt ab. Er lasse sich nicht verkaufen. Wie Franz dachten auch die anderen Bewohner des Ortes abseits der Straße.
Sie blieben, was sie vorher waren.
Ihr Ort blieb liebenswert. Sie setzten in den nächsten Jahren mustergültig ihre Häuser und Wirtschaftsgebäude instand. Vor den Häusern pflanzten sie bunte Sträucher. Die Balkone ihrer Häuser waren frisch gestrichen. Viele Blu-

men leuchteten herunter. Die alten Holzbauten wurden gepflegt. Die vereinzelten Gäste, die ins Dorf abseits der Straße kamen, wurden als Einzelmenschen liebevoll behandelt.

8 *Otto, der Müller*

Am Rande unseres Dorfes steht eine Mühle. Dort fließt ein kleiner Bach.
Der Besitzer ist etwa fünfundfünfzig Jahre alt. Er ist ein sehr gescheiter, ein ungewöhnlich gescheiter Mann. Heute würde ein solcher Mann zum Studieren geschickt. Seine Mutter lebt noch. Sie ist sicher mehr als fünfundachtzig Jahre alt. Sie hat ihren Sohn nicht studieren lassen. Der Lehrer war seinerzeit auf das Talent von Otto, dem Müllersohn, aufmerksam geworden. Er hatte den Eltern geraten:
»Laßt euren Sohn studieren. Er ist der Gescheiteste in der ganzen Schule.«
»Aha«, sagte seine Mutter.
»Was soll das Studium?« fragte der Vater. »Wozu das?«
»Das können wir uns nicht leisten.«
Der Lehrer versuchte es noch einmal. Die Müllersleute konnten es sich nicht leisten.
Begabte Burschen wurden selten zum Studium geschickt. Die Eltern hielten es nicht für sinnvoll. Es gab nur eine einzige Möglichkeit des Studiums. Wenn der Bub schon etwas studierte, dann mußte er Pfarrer werden.
Etwas anderes kannten die Leute nicht. Sie kannten keinen anderen Beruf für einen Studierten.
So gab es keinerlei Vergleichsmöglichkeiten.
Die Kinder sollten etwas Gescheiteres lernen. Sie sollten

ein ordentliches Handwerk erlernen. Ein Tischler, ein Bäcker, ein Zimmermann, der hat immer Arbeit.
Das ist etwas Ordentliches. Ja, ja, so denken die Leute. Auch Bauer zu sein war nicht schlecht. Aber ein Hungerleider sein? Ottos Mutter war dagegen. Sein Vater war noch mehr dagegen. Otto mußte in der elterlichen Landwirtschaft bleiben. Er mußte auch das Müllerhandwerk erlernen.
»Siehst du, Bub, das ist was Ordentliches.«
Er wurde also Bauer und Müller wie der Vater und wie der Großvater und wie vielleicht auch der Urgroßvater. Das Bauer-und-Müller-Sein saß so tief, daß auch der Ururgroßvater und noch einige Väter vorher Bauer und Müller gewesen sein müssen. Heute ist er der letzte Müller weitum. Die gesamte Anlage ist völlig überaltert. Deswegen ist sie eine Sehenswürdigkeit. Im Sommer kommen immer wieder Sommergäste, die seine Mühle anschauen wollen. In Wirklichkeit kommen sie, um nachzusehen, wie auch sie früher einmal gelebt haben. Aber sie getrauen sich nicht, das zu sagen. Deswegen beteuern sie: »In der Nähe unserer Stadt, da gibt es noch ein paar Dörfer. Dort hat man vor mehr als hundert Jahren auch so gearbeitet.« Der Müller-Otto ist mit seiner alten Mutter ein Photomotiv geworden. Menschen werden hinter Gitter gestellt zum Photographieren. Menschen stehen dahinter und sind lebende Modelle einer unwahrscheinlichen, einer romantischen Rückständigkeit. Sie müssen sich photographieren lassen. Das Bild mit dem Müller-Otto und seiner

alten Mutter war im vergangenen Jahr auch im Bauernkalender. Das Bild zeigt Otto ganz selten seinen Besuchern. Otto erkundigt sich bei den Besuchern nach dem Stand der Politik. Auf diese Weise erfährt Otto sehr viel. Er weiß in vielen politischen Dingen besser Bescheid als der Bürgermeister. Er liest jeden Sonntag genauer das Kirchenblatt als der Pfarrer selbst. Deswegen wußte er auch besser, was der Bischof in seiner Diözese zur Pille und überhaupt zur Empfängnisverhütung sagte. Darüber sprach Otto mit dem Herrn Pfarrer. Otto weiß mehr, weil er besser zu lesen und zu denken versteht. Vielleicht hat er auch einen besonders guten Hausverstand.

Otto ist ein guter Kenner alter bäuerlicher Rechte. Er weiß genau, ab wann im Frühjahr die Hühner ausgetrieben werden dürfen, er weiß genau, wann die günstigsten Termine zum Schlägern eines Baumes, zum Entrinden eines Baumes, zum Abgewöhnen eines Saugkalbes von der Kuh sind. Otto weiß genau, wieviel Tonnen Getreide pro Hektar geerntet werden können.

Er weiß aber auch, daß es früher in seinem Lande eine Pressezensur gegeben hat und daß es heute keine mehr gibt. Aber es könnte wieder eine kommen.

Otto ist ein Opfer des Fremdenverkehrs in unserem Dorf geworden. Der Bauernkalender hat sich zuerst um ihn gekümmert. Dadurch ist er bekannt geworden. Den Bauernkalender haben viele Hoteliers und Inhaber von Gasthäusern und Fremdenheimen neben den Illustrierten im Leseraum liegen.

Dort hat ein Reporter das Bild von Otto gefunden.
Otto kam in eine große Zeitung.
Aus unserem Dorf war außer Otto nur der Franz von dem Dorf abseits der Straße in einer großen Zeitung.
Der Inhaber des Schuhgeschäftes, der die größte Schaufensterscheibe des ganzen Bezirkes hatte, war nicht in der Zeitung. Deswegen war der Inhaber des Schuhgeschäftes dem Otto neidig. Otto hätte Bürgermeister werden sollen. Solche Leute wie er wären früher Bürgermeister geworden.
Heute ist das nicht mehr möglich. Heute ist unser Dorf ein Fremdenverkehrsdorf. Heute ergeben die Sammlungen in der Kirche mehr als je zuvor.
Die Betten an den Sommertagen sind voll.
Wie Ameisen kriechen die Fremden auf den Straßen unseres Dorfes dahin.
Otto hat sich nicht darum zu kümmern.
Otto hat sich auch nicht darum zu kümmern, daß es in unserem Ort seit nunmehr zwei Generationen keine Priesterweihe mehr gegeben hat. Dabei hätte unser Dorf auf Grund seiner Größe in den letzten Jahren mindestens drei oder vier Neupriester stellen können.
Otto sagte, das läge am Fremdenverkehr und am Bischof.
»Vielleicht beten die Leute zuwenig«, hatte er gesagt.
Dabei glaubten die Leute zu wissen, daß Otto auch nicht jeden Sonntag seine Pflicht erfüllte.
So ist es nämlich Brauch. So hat es der Herr Pfarrer gern.
Und so hat man in unserem Dorf über Otto gemunkelt.

Viele Bewohner unseres Ortes gehen nur wegen des Brauches am Sonntag in die heilige Messe. Deswegen, finden sie, sei Otto nicht ganz einer der ihren.
Am Tag nach dem Kirchtag standen die »Lustigen Wildkogler« und der Barmixer auf der Straße beisammen. Sie sprachen über die bevorstehenden Landtagswahlen und darüber, wer für die neue Fahne der »Lustigen Wildkogler« die Stickereien anfertigen solle. Zu einem festlichen Anlaß gehört in unserem Dorf immer auch eine Fahne. Oder am besten gleich mehrere. Für alle Vereine, Verbände, Organisationen, Klubs und Genossenschaften je eine. Die Fahnenträger sind in unserem Dorf geachtete Menschen. Weil die meisten erwachsenen männlichen Personen bei irgendeinem der Vereine, Verbände, Organisationen, Klubs und Genossenschaften als Mitglied eingeschrieben sind, trifft es sich auch, daß fast alle erwachsenen männlichen Einwohner unseres Dorfes zu den besonderen Anlässen hinter einer der zahlreichen Fahnen marschieren.
Das gehört sich so in unserem Dorf. Das gehört sich auch so in anderen Orten. Diese vielen Orte haben insgesamt unzählige Fahnen und unzählige Fahnenweihen, Gedenksteinenthüllungen, Kriegsopfergedenkfeiern, Fronleichnamsprozessionen, Staatsfeiertage, Landesfeiertage landauf, landab abgehalten. Alle Bewohner unseres Dorfes müßten nach den vielen Reden genau über die vielgepriesene Heiligkeit dieser Fahnen Bescheid wissen.
Otto, der hinterwäldlerische, Otto, der vielbelesene, der

politisierende Müller, Otto, der denkende Müller, hielt nichts von diesem Kult. So war Otto!
Auch die »Lustigen Wildkogler« sollten also eine Fahne bekommen. Mit dem Wildkogel in der Mitte aufragend, flankiert von Edelweiß und Enzian, und mit der Inschrift »Die lustigen Wildkogler«.

9 *Maria Höllrigl*

Der Kindsmordprozeß wurde also unterbrochen.
»Hast du nicht gelesen?«
»Nein, wo denn?«
»Na, in der Zeitung!«
»Nein, muß ich gleich kaufen!«
Das ist schade, daß nicht alle die Zeitung gelesen haben. Es ist im übernächsten Dorf geschehen, und deswegen dürfte es die Frauen unseres Ortes nichts angehen. Aber sie glauben, daß sie hier mitreden können, weil es auch in unserem Ort ledige Kinder gibt und weil in unserem Ort einmal – das ist aber schon lange her – ein Mädchen mit einem Besatzungssoldaten gegangen ist. Aber sie hat kein Kind von ihm bekommen. Deswegen ist die Sache nach und nach vergessen worden. Jetzt erinnern sich die Frauen unseres Ortes gerne daran.
Das Mitgefühl der Frauen kennt in einem solchen Fall fast keine Grenzen.

Viele Monate später.
Maria Höllrigl sitzt auf einem Sessel neben dem Herd in der Küche. Sie liest in der Tageszeitung ihre eigene Geschichte. Sie liest zehnmal hintereinander ihren Namen. Maria Höllrigl geht zum Spiegel. Sie sieht sich. Sie hat Angst vor sich selbst. Eine Verbrecherin soll sie sein? Sie,

die brave, arbeitsame, tugendhafte, ehrliche Maria Höllrigl, soll ins Zuchthaus?
Im Spiegel sieht sie ihr Gesicht. Das Gesicht einer Verbrecherin schaut ihr entgegen. Sie zieht die Augenbrauen mit den Fingern hoch, sieht das Weiß in ihren Augen hervorquellen.
Mit einem schwarzen Stift versucht sie, ihre Brauen nachzufärben.
Sie war nie eitel.
Mit dem Stift kann sie ihr Gesicht nicht verändern. Sie hält es für ein Verbrechergesicht. Die Leute werden ihr Gesicht für ein Zuchthausgesicht halten.
»Pfui, Kindsmörderin, Verbrecherin!!« werden sie ihr nachschreien. Die Eltern werden ihre Kinder dazu anhalten, diese Verbrecherin zu meiden. Der Pfarrer wird von der Kanzel herunter verkünden, daß es in seiner Seelsorgegemeinde eine Reihe schwarzer Schafe gibt. Der reiche Grünauer wird nicht darunter sein. Aber Maria Höllrigl ist ein schwarzes Schaf, und ein paar junge Burschen, die nicht jeden Sonntag in die heilige Messe gehen, sind auch schwarze Schafe.
Maria steht noch immer vor dem Spiegel. Sie hat Angst vor dem Weiß in ihren Augen. Der Herr Pfarrer sieht das Schwarze. Die Mitmenschen sehen in ihr die Kindsmörderin.
Die Frauen unseres Ortes sind sich mit wenigen Ausnahmen einig.
So etwas dürfe es bei ihnen im Dorf nicht geben.

Sollte es aber so etwas geben, dann würden sie ein solches Weib durch das Dorf jagen.
»So ein Skandal!«
»Warum heiratet er nicht?«
»Ist ein Großbauer!«
»Aha.«
»Ja.«
Eine der Frauen geht aus dem Geschäft. Sie geht nach Hause zu ihrem Mann und erzählt ihm alles, was sie gelesen und gehört hat. Eine weitere Frau geht aus dem Geschäft. Nach Hause zu Mann und Kindern. Zufrieden, daß sie anders sind, sie hier im Dorf. Vor allem sie selbst. Und ihr Mann und ihre Kinder.
»Die jungen Leute sollten mehr arbeiten müssen. Früher hat es das nicht gegeben.«
Die Frauen standen in einer Gruppe im Selbstbedienungsgeschäft des Ortes, und sie hatten Gesprächsstoff in Überfülle. Sie standen vor der Tiefkühltruhe mit tiefgekühlten Hühnern und Hasen, mit tiefgekühltem Spinat, mit Erbsen und mit Eis in Bechern. Sie ereiferten sich mit zunehmender Lautstärke über die unglaubliche Kälte dieser Person, die imstande war, ihr eigenes Kind umzubringen.
»Brutal!«
»So eine Schweinerei!«
»Mensch, das sollte bei uns geschehen!«
Vom Turm der Kirche läutete es zum Gebet. Die Frauen standen ratlos um die Tiefkühltruhe herum. Es läutete zum Gebet.

Maria Höllrigl wendet sich mit weißen Augen um zum Herd. Sie wagt nicht mehr, in den Spiegel zu schauen. Es bangt ihr vor der Predigt des Pfarrers. Es bangt ihr vor den Blicken der jungen Frauen. Sie hat Angst vor den Blikken der jungen Mütter, die eheliche Kinder zur Welt bringen, die ihre Kinder in karierte Bettwäsche wickeln und die ihrem Kinde einen rosaroten Schnuller in den Mund stopfen können.
Sie hat solche Angst vor den Menschen, die ihr auf der Straße begegnen.
Sie hat weiße Augen und ein schwarzes Herz.
Das schwarze Schaf des Dorfes.
Schwer läßt sie sich auf dem Sessel beim Herd nieder.
Die Wärme dringt durch sie.
Langsam schläft sie ein.
Im Traum sieht sie ihr Kind.
Ihre Gerichtsverhandlung und den Grünauer.
Der reiche Grünauer hat zehn Stück Großvieh im Stall stehen. Vielleicht hat der reiche Grünauer außer den zehn Stück Großvieh noch etwas.
Sie sieht ihn vor sich. Sie nimmt sich vor, am kommenden Sonntag mit ihm zu reden.
Wenn sie nicht mit ihm reden kann, wird sie mit seinem Vater reden.
Sie könnte auch dem Pfarrer ihr Anliegen vorbringen. Der übernächste Ort von unserem Dorf hat einen weithin bekannten Pfarrer.
Im Traum sieht sie ihr Kind ...

10 *Das Bäuerlein Vinzenz und der Herr Bürgermeister*

Beide sind Bewohner von Oberlangdorf.
Der Bürgermeister schritt am Sonntag in der Früh zwischen Frühmesse und Hauptgottesdienst auf der Straße dahin.
Er dachte über vieles nach. In seinem Gasthaus konnte er nicht immer denken, was er wollte, weil dort in der Früh, besonders an Sonntagen, die Luft so ekelhaft nach kaltem Rauch stank. Er hätte den Brechreiz davon bekommen können. Da konnte man nicht denken.
»Ich geh in die Kirche. Zum Hauptgottesdienst.«
»Jetzt schon?«
Warum sollte seine Frau nicht glauben, daß er so früh, mindestens eine Stunde zu früh, aus dem Haus ging, um in den Sonntags-Hauptgottesdienst zu gehen?
»Du gehst sonst auch nicht so früh!«
»Das könnte euch passen. Ich gehe heute so wie alle Sonntage. Weib, ich bin ja Bürgermeister einer katholischen Gemeinde!«
Sie wunderte sich über ihren Mann, weil er nicht, wie sonst jahraus, jahrein üblich, erst im allerletzten Moment aus dem Haus und in die Kirche ging.
Er kam gut aus mit seiner Frau, mit den Gemeinderäten und mit dem Herrn Pfarrer. Er hatte auch einige Verwandte, mit denen er gut auskam. Bei der Genehmigung

von Baubewilligungen hatte er mitunter ein Auge zuzudrücken. Er hatte noch niemanden vor den Richter gebracht.

Er ging auch heute in die Kirche.

Er hatte drei Buben und ein Mädchen. Die mochte er auch. Heute schliefen seine Kinder noch. Zu seiner Frau war er barsch gewesen. Aber nicht deswegen ging er auf die Straße.

Es drängte ihn heute, von den Leuten seiner Gemeinde zu ungewohnter Zeit auf der Straße gesehen zu werden, um von ihnen ehrerbietig gegrüßt zu werden.

Die Straße ging schnurgerade auf das Dorf zu. Die Straße war vor einigen Jahren begradigt worden. Deswegen konnte man herankommende Autos oder Leute oder Radfahrer schon von weitem sehen. Man konnte auch, wenn Autos oder Leute oder Fahrräder das Dorf verließen, noch lange nachschauen und nachwinken. »Guten Morgen!« wurde der Herr Bürgermeister von den Leuten, die ihm begegneten, freundlich gegrüßt.

Das mochte er gern hören.

Aber nicht deswegen ging er auf der Straße dahin. Wenigstens gestand er es sich nicht ein.

Seit Jahren tobte ein heftiger Kampf in der Gemeinde für und wider eine Umfahrung. Umfahrungen waren in den Jahren nach 1960 da und dort notwendig geworden. Seit dieser Zeit wußten die Bewohner unseres Ortes nicht recht, ob sie sich den Geschäftsleuten anschließen sollten oder den Bauern oder beiden zugleich. Das war möglich geworden, seitdem geheime Abstimmungen und geheime Absprachen in dieser Angelegenheit erfolgt waren. Da sich nie alle Bewohner unseres Dorfes an solchen Abstimmungen oder Absprachen beteiligt hatten, andererseits aber fast immer hundertprozentige Beteiligungen vermerkt werden konnten, war die hohe politische Aktivität und Reife unserer Ortsbewohner immer wieder bei Gesprächen an höheren Stellen lobend erwähnt und hervorgehoben worden. Eigentliche Abstimmungen, die Pflicht waren oder unter behördlicher Aufsicht standen, gab es nicht. Dazu war es nie gekommen. Deswegen konnte niemand aus dem Dorfe daraufkommen, daß eigentlich mehr als sechzig Prozent der Bevölkerung für eine Ortsumfahrung waren und daß weit über sechzig Prozent, ja fast siebzig, gegen eine Ortsumfahrung waren. Eine ordentliche Abstimmung hätte Unruhe ins Dorf gebracht.

Einmal hatte der *Wirtschaftsbund* eine Abstimmung gemacht. Dann wieder hatten die Bauern eine solche veranstaltet.

Einige Personen hatten, auch wenn keine Abstimmung erfolgt war, unter dem Siegel der Verschwiegenheit durchblicken lassen, daß der Sportartikelhändler, obwohl er Geschäftsmann ist, doch gegen die Umfahrung gestimmt hatte. Weiters lief das Gerücht, daß der Sportartikelhändler in der unmittelbaren Nähe der geplanten Umfahrungsstraße einen großen Fleck Grund gekauft haben sollte. Vom Schuster wurde behauptet, er habe nur deswegen

immer positiv zu seinen Geschäftskollegen gestanden, weil er sich Chancen ausgerechnet habe, nach dem derzeitigen Wirtschaftsbundobmann, der ja auch Bürgermeister war, neuer Wirtschaftsbundobmann zu werden.
Vom Lebensmittelhändler wußte man aus vermeintlich sicherer Quelle, daß der Herr Bürgermeister und der Herr Pfarrer öfter in seinem Hause verkehrten.
Der verbilligte Bezug von Lebensmitteln ist, wenn keine Gesetze dabei übertreten werden, nicht strafbar.
Der erwachsene Sohn des Lebensmittelhändlers wiederum war von vornherein ein Gegner des *Wirtschaftsbundobmannes,* des Herrn Pfarrers und des Obmannes der örtlichen Raiffeisenkasse.
Sonst vertrug er sich mit allen Leuten sehr gut.
Keine klare Position bezogen die Inhaber der Hotels, der Gasthöfe und einiger Fremdenheime. Anfangs waren sie alle gegen eine Umfahrung gewesen. Später aber hatten sie sich die Dinge überlegt.
In der Hochsaison war unser Dorf sehr überlaufen, und die Straße war oft verstopft. Es war ein solcher Verkehr, daß viele Fremde deswegen nach ein oder zwei Tagen wieder abreisen wollten. Einige reisten wirklich ab. Die anderen bekamen bis zu fünfzig Prozent Lärmrabatt. So war es möglich, in einigen Häusern sehr stark verbilligt seinen Urlaub verbringen zu können.
Das alles gab den Inhabern der Hotels, der Gasthöfe und der Fremdenheime zu denken. Auch der Obmann des Fremdenverkehrsverbandes begann zu denken.

»Guten Morgen!« wurde der Herr Bürgermeister nach wie vor sehr freundlich und zuvorkommend gegrüßt. Der Herr Bürgermeister war sehr in Gedanken vertieft. Er erwiderte nicht jeden Gruß. Das wurde nachher von den Leuten des Ortes sehr verschieden ausgelegt.
Vielleicht war es die Aufgabe des langsam und in Gedanken versunken dahinschreitenden Bürgermeisters, darüber nachzudenken, wo er eine große Tafel aufstellen lassen könnte, die zum Besuch seiner Gaststätte einladen sollte. Oder mußte er für die neue Tafel des Fremdenverkehrsverbandes den Text entwerfen? Oder mußte er die Formulierung des Textes für ein Ansuchen an die übergeordnete Behörde in der Kreisstadt entwerfen? Die Tafel sollte überdimensional groß sein, fünf mal fünf Meter. Dafür brauchte er eine Sondergenehmigung.
So ging der Spaziergang des Herrn Bürgermeisters an diesem Sonntag in der Früh zwischen Frühmesse und Hauptgottesdienst langsam zu Ende. Es traf sich, daß ihm ein Bauer aus einem der am weitesten vom Ortszentrum entfernten Bauernhöfe auf der Straße begegnete.
Der Bauer grüßte nicht ehrerbietig mit »Guten Morgen, Herr Bürgermeister«.
Er sagte anstelle eines Grußes: »Schon so früh unterwegs?« Das Bäuerlein trug eine Lodenhose, ein Stehkragenhemd und darüber eine Lodenjoppe. Es roch nach Stall und Pfeifentabak. »Schon gut, Vinzenz«, antwortete freundlich der Bürgermeister, der genau wußte, wie man mit den Leuten der Gemeinde umzugehen hat.

»Im Stall alles in Ordnung?«
»Freilich, alles in Ordnung!« Das Bäuerlein Vinzenz bedankte sich. Der Bürgermeister hatte nach der Ordnung in seinem Stall gefragt. »Wie er nur an alles so denkt!« Das Bäuerlein Vinzenz war zufrieden.
Inzwischen war der Bürgermeister sehr schnell und unauffällig in einer Hauseinfahrt verschwunden. Dort habe er dienstlich zu tun. Das Bäuerlein Vinzenz stank nach Stall und Pfeifentabak. Die Bauern, überhaupt die, deren Felder am meisten davon betroffen waren, mußten Gegner der Umfahrungsstraße sein. Zwar konnten sie mit dem Verkauf von ein paar Grundstücken beinahe ein Vermögen bekommen. Heute konnten sie sogar noch mehr damit kaufen.
Aber sie wollten nicht. Nach ein paar Jahren war doch alles wieder dahin. Der Vinzenz war einer der Bauernsprecher.
Wer in unserem Dorf Bürgermeister sein will, muß sehr fest und sehr hart und mit vielen Familien der Gemeinde verwandt sein. Er muß Ideen haben.
Dazu gehörte die Straße. Dazu gehörte die große Tafel. Dazu gehörte der Umgang mit Vinzenz, den der Bürgermeister freundlich behandelte. Die Straße durch den Ort war vor einigen Jahren staubfrei gemacht worden. Auch alle wichtigen Nebenwege in unserem Ort waren sauber und staubfrei gemacht worden. Seitdem ist unser Dorf sehr viel staubfreier als vorher.
Das ist wahr. Es ist auch wahr, daß es seitdem viel lauter

ist. Die Autos fahren schneller durch. Weil sie schneller fahren, müssen sie auch schneller bremsen, wenn die Gendarmerie ihre tägliche Kontrolle durch den Ort unternimmt.
Sie strafen dabei den kleinen Bauern, der die Verkehrsregeln nicht kennt. Sie strafen noch einmal den Bauern, der mit der offenen Sense auf sein Feld fährt, sie strafen zum drittenmal den Bauern, der mit seinem Fuhrwerk nicht mit »angemessener Geschwindigkeit« die Straße überquert. Sie strafen denselben Bauern zum viertenmal, wenn er, weil er nun schon dreimal zum Zahlen verurteilt worden ist, wegen der verdammten Kleinigkeit flucht. Wenn die Reifen quietschen, wenn die großen Autos trotz Hupverbot hupen, wenn die großen Autos der Hoteliers durch den Ort rasen, dann strafen die Herren vom Gendarmerieposten nicht. Wenn etwas im Dorf passiert, dann laufen die Leute zusammen, strömen aus allen Häusern auf die Straße.
Sie schreien und lärmen.
Erholungsdorf im Sinne der erlassenen Richtlinien ist unser Dorf deswegen nicht, weil die Hauptstraße mitten durch den Ort geht. Aber da es in den Hotels, Gasthäusern und Fremdenheimen keine Musikbox gibt, fühlen sich viele Ortsbewohner als Bewohner eines Erholungsdorfes, und sie brachten bei der vorjährigen Jahreshauptversammlung des Fremdenverkehrsverbandes einen entsprechenden Antrag ein. Dem Antrag war kein Erfolg beschieden, weil der Geschäftsführer des Fremdenverkehrs-

verbandes die Richtlinien genau kannte und weil er, daraus vorlesend, die Leute von ihrer irrigen Meinung abzubringen imstande war.
Demnach hieß es klar und deutlich:

> *»Unter Erholungsdörfern werden ländliche Siedlungen mit überwiegend bäuerlichem Charakter verstanden, in denen der Erholungssuchende in Abgeschiedenheit und Ruhe seinen Urlaub verbringen, aber auch Anschluß an die Wesensart und das Brauchtum der Einwohner finden kann.«*

Der Herr Bürgermeister verließ das Haus, in das er offenbar in Fluchtabsicht vor dem nach Mist und Pfeifentabak stinkenden Bäuerlein Vinzenz eingetreten war, längere Zeit nicht mehr. Er mußte in diesem Hause einen Kaffee trinken.
Das Problem, das er zu lösen hatte, war auf diese Art und Weise auch nicht gelöst worden.
Er selbst aber war in der Zwischenzeit viel viel ruhiger geworden.
Das brauchte er, um mit gebührender Andacht der heiligen Messe des Hauptgottesdienstes in der Pfarrkirche beiwohnen zu können. Zufällig war an diesem Tag »Tag der Straße«, und der Herr Pfarrer sprach von Segnungen,

die unserem Dorfe zuteil geworden waren, und nannte einige Vorteile, die man auch als Segnungen ausgeben könnte.

Erstens war es möglich geworden daß alte und gebrechliche Leute im Auto zur Kirche gebracht werden könnten.

Zweitens fahren die vom örtlichen Autobusunternehmen zur Abholung der außerhalb des Hauptortes gelegenen Orte und Häuser bereitgestellten Autobusse gegen angemessenes Entgelt so rechtzeitig ab, daß alle ausnahmslos pünktlich vor Beginn der heiligen Messe in der Kirche sein können.

Drittens könne er jetzt mit seinem Auto überallhin sehr schnell kommen und sei daher in der Lage, viel mehr Leuten als bisher die Letzte Ölung spenden zu können.

Viertens bringe das Auto den für unser Dorf so notwendigen wirtschaftlichen Aufschwung. Vor einer Überbewertung von materiellen Dingen müsse er freilich als Geistlicher eindringlich warnen.

Fünftens bringe eine Straße auch eine »geistige Öffnung«, und das sei sehr gut. In früheren Jahren wurde »liebe Pfarrgemeinde, sehr viel Inzucht in unserer Pfarre betrieben«. Im Pfarrarchiv befänden sich viele Ansuchen an den Papst in Rom um Dispens für Heiraten unter Blutsverwandten.

Sechstens: Das kam nicht mehr vor. Offenbar hatte sich der Herr Pfarrer geirrt.

Siebentens und letztlich käme noch dazu, daß auch die Straße ein von Gott gegebenes Instrument sei, dessen man

sich bedienen müsse. »Auch über die Straße führt einer der Wege in den Himmel.
Amen!«
Alle wußten, was ihnen die Straße bedeuten mußte.
Der Bürgermeister wollte nun mit einer völlig gewandelten Einstellung das Problem »Straße« in Angriff nehmen.
»Meine Herren«, eröffnete er die nächste Gemeinderatssitzung, »wir müssen die leidige Angelegenheit wegen der Umfahrungsstraße endlich einem baldigen Abschluß zuführen.«
Gespannte Aufmerksamkeit der versammelten Gemeinderatsmitglieder.
Jetzt verkündete der Bürgermeister:
»Wir brauchen keine Umfahrungsstraße. Statt dessen werden wir die Straße durch den Ort erheblich verbreitern. Wir werden einen Gehsteig zu beiden Seiten der Straße anlegen. Zwischen Widum und Kirche, zwischen dem oberen Gasthaus und dem Selbstbedienungsladen werden wir einen Fußgängerübergang mit Ampelregelung anbringen lassen. Die Straße wird auf der gesamten Länge durch den Ort großzügig begradigt. Wir müssen den Ort verkehrsgerecht machen.«
Alle versammelten Gemeinderäte nickten beifällig.
»Bravo, Herr Bürgermeister!«
»Wir dürfen den Anschluß nicht verpassen!«
»Nein, Herr Bürgermeister, wir dürfen den Anschluß nicht verpassen.«
Die Straße durch den Ort mußte gebaut werden.

Alles war gewonnen. Die Leute, die etwas anderes zu sagen gehabt hätten, waren nicht im Gemeinderat.
Die Ortsdurchfahrt wurde einstimmig beschlossen. Das Autobusunternehmen wurde wirtschaftlich gefestigt.
Damit hat sich sehr viel in unserem Dorf geändert.
Die Straße ist verbreitert worden. Die Häuser neben der Straße sind mächtig angeschwollen. Die Gasthäuser neben der Straße erzielen an schönen Sonntagen ungeahnte Rekordumsätze. Die Auslagen der Geschäftshäuser werden größer und größer. Dahinter und hinter allen Häusern wohnen nach wie vor beinahe dieselben Menschen wie vor einigen Jahren. Sie waren lediglich älter geworden. Manche von ihnen waren beträchtlich reicher geworden. Das kam durch die Straße.
Dann gab es noch die vielen anderen Menschen, die man nicht offiziell auf den Prospekten herzeigen durfte. Der Alkoholismus hatte sie aufgefressen, einen nach dem anderen. Ein Dutzend Alkoholiker war ortsbekannt. Viele waren heimliche Säufer. Diese waren nicht ortsbekannt.
Das kleine Bäuerlein Vinzenz gehörte nicht zu den Alkoholikern des Dorfes. Otto, der Müller, gehörte auch nicht dazu. Die breite Ortsdurchfahrt werde noch das Gemeinschaftsleben des Ortes zerstören. Der Ort werde in zwei Teile gespalten, die Kirche gehöre dem einen Teil, und das Gemeindeamtsgebäude gehöre dem anderen Teil.
Es werde zum Streit zwischen den beiden Teilen kommen. Die breite Durchfahrtsstraße werde den Ort in den kom-

menden Jahren einen heute noch nicht abschätzbaren Lärm bringen. Das Bäuerlein Vinzenz war auch hier anderer Meinung als der Herr Pfarrer und wie der Herr Bürgermeister.

Otto, der Müller, war auch anderer Meinung als der Herr Pfarrer und der Herr Bürgermeister.

Nach einigen Jahren wird man erkennen, daß die Gemeinde mehr auf das Bäuerlein hätte hören sollen.

Vinzenz, der Bauer, war ein bauernschlauer, ein mit viel Hausverstand begabter Mann.

Er war aber nur ein Bauer, stank nach Mist, trug selbstgefertigte Lodenhosen und konnte sich nicht geschliffen ausdrücken.

Auch ohne ihn ging das Leben in unserem Dorfe so weiter, wie es Bürgermeister, Pfarrer, Wirtschaftsbund, Fremdenverkehrsverband, Bienenzüchterverein, Sportklub und Kneipp-Bund bestimmt hatten.

Es war das Leben eines Dorfes, das sich eigentlich in keiner Weise vom Leben in anderen, ähnlich großen und ähnlich beschaffenen Orten unterschied.

In der Früh scheint die Sonne auf drei Gasthöfe, zwei Hotels, fünf Fremdenheime und auf eine große Zahl von Ein- und Mehrfamilienhäusern.

An der Ecke stehen die Bauernhöfe. Sie warten auf Sonne.

Auf den Ansichtskarten ragt hinter dem einen Hotel ganz steil und imposant der über 3000 m hohe Wildkogel hoch.

Der Wildkogel ragt aber in Wirklichkeit in viel größerer Entfernung hinter Oberlangdorf auf. Die Fremden-

verkehrsprospekte haben einen anderen Wildkogelblick.
Die Dorfstraße ist links und rechts von den Hotels, Gasthäusern, Fremdenheimen und Geschäften gesäumt. Im Zuge der Straßenverbreiterung werden zu beiden Seiten Gehsteige angebracht.
Am Abend geht die Sonne hinter dem Wildkogel unter.
In der Sonne glitzert am Abend die Stütze sechs der im Bau befindlichen Materialseilbahn.
Die Sonnenterrasse des einen Hotels ist gegen den Wildkogel hin ausgerichtet. Durch ein Fernrohr können die Gäste an schönen, lauen Sommerabenden die Stütze sechs sehen und auch wie die Sonne darauf glänzt.
»Nicht wahr, ein schönes Bild?«
Die Bergstation werde später einmal errichtet.
Die Leute des Ortes sollten inzwischen vergessen, daß die Stützen der Materialseilbahn in Wirklichkeit für eine Personenseilbahn gedacht sind.
Ohne Planung geht es nicht.
Auf diese Weise werden die Leute des Ortes hinters Licht geführt.
An solchen Sommerabenden, wie heute einer ist, sitzen die Obmänner des *Wirtschaftsbundes,* des Fremdenverkehrsverbandes und des Sportklubs mit dem Herrn Pfarrer in der Stube des einen Gasthauses.
Sie planen.
Sie wissen wie immer:
»Für unsere Gäste muß mehr getan werden!«
»Ja, ja«, sagen alle.

Am nächsten Tag informiert der Bürgermeister den Gemeindeangestellten Josef.
Dieser Gemeindeangestellte Josef sitzt in der Kanzlei des Gemeindeamtes und ist gerade dabei, einer älteren Frau einen Schein auszufüllen – eines der vielen Formulare mit vier Seiten und vielen Fragen darauf.
Die Frau kann verbilligt Kohlen beziehen, weil sie Rentnerin ist und weil ihr Einkommen einen in den auf dem Formular angeführten Betrag nicht überschreitet. Sie kann die Kohlen um fünfzig Prozent verbilligt beziehen.
Für das Ausfüllen des vier Seiten langen Scheines hat der Gemeindeangestellte Josef Geld bekommen. Davon kann er sich einmal ein Bier kaufen.
Wenn aber im Laufe des Vormittags noch jemand in die Kanzlei käme und er bekäme noch einmal diesen Geldbetrag für das Ausfüllen eines Formulares, so könnte er sich noch ein Bier kaufen. Das Bier kann er sich aber nicht im Gasthaus kaufen, sondern nur im Lebensmittel-Selbstbedienungsladen des Ortes. Im Gasthaus müßte er fast doppelt soviel rechnen.
Er trinkt sein Bier zu Hause.
Die langweiligen Stunden in der Gemeindekanzlei vergehen nicht. Josef steht auf und jagt nach einigen Fliegen. Josef erschlägt mit dem Aktendeckel »Verehelichungen« ein paar Fliegen.
Josef, der Gemeindeangestellte, setzt sich wieder nieder und wartet auf die Gelegenheit, ein Formular gegen ein geringes Trinkgeld ausfüllen zu können, auf ein paar Flie-

gen, die er erschlagen könnte, auf sein Mittagsbier und auf die Pensionierung.
Josef muß noch lange warten.
Gegen elf Uhr schiebt eine Frau einen Kinderwagen vorbei.
Er hofft, daß sie ihn besuchen kommt. Vielleicht kann er ihr beim Ausfüllen eines Formulares helfen.
Die Frau geht vorbei.
Nach fünf Minuten kommt sie zurück.
»Aha, sie war einkaufen.«
Wieder summen ein paar Fliegen durch die Gemeindekanzlei. Josef steht auf, nimmt einen Aktendeckel, prüft die Stärke des Aktendeckels, liest »Bauangelegenheiten« und erschlägt damit in erstaunlich kurzer Zeit und mit großer Geschicklichkeit alle Fliegen.
Er nimmt die Fliegen einzeln vom Boden und trägt sie zum Papierkorb.
Gemeindeangestellte und sonstige Angestellte in ähnlicher Position, vor allem solche im öffentlichen Dienst, verstehen sich gut darauf, ihre Zeit bis zur Pensionierung

durch das Ausfüllen von Formularen,
durch das Warten auf Vorübergehende,
durch das Trinken von Bier,
durch das Zählen von Amtsstunden und
durch das Totschlagen von lästigen Fliegen
und durch vielerlei andere Tätigkeiten totzuschlagen.

Josef, der Gemeindeangestellte, war ein richtiger Angestellter.

Er trank aber niemals im Büro ein Bier.
Bevor er mittags zum Mittagessen und zu seinem Bier nach Hause ging, las er im Amtsblatt, in der Nachbargemeinde sei der Posten des Waldaufsehers ausgeschrieben.
Er hörte die Mittagsglocken. Er denkt an seinen knurrenden Magen, er denkt an sein Bier, das er zum Essen bekommt. Er verläßt schleunigst die Amtsstube. So ist es immer am Mittwoch.
An diesem Tag ist um dieselbe Zeit auch die Schule aus. Es gibt in unserem Dorf eine Volksschule und eine Hauptschule. Bevor die Schulkinder nach Hause gehen, kaufen sie in der wärmeren Jahreszeit jeden Tag ein Eis, in der kälteren Jahreszeit eine Schokoladenbrezel. Einige Kinder haben kein Geld. Die können sich nichts kaufen.
Es gibt in unserem Dorf nur wenige Kinder, die von daheim kein Geld mitbekommen. Es gibt viele, die viel Geld mitbekommen, so viel, daß sie sich jeden Tag eine große Eisportion kaufen können.
Der Mesner rennt über den Kirchplatz. Er hat zu Mittag geläutet und eilt jetzt heim zu Weib und Kind. Es gibt bei uns noch immer kein elektrisches Geläute.
Über den Platz ruft er dem Gemeindeangestellten Josef zu:
»Hast du schon gehört?«
»Was?«
»Na, das mit dem Mord in der Nachbargemeinde!«
»Natürlich habe ich es gehört, Mahlzeit! Ich muß nach Hause. Sie wartet mit dem Bier auf mich.«

In seinem Einfamilienhäuschen sitzt der Gemeindeangestellte Josef am Mittagstisch. Er ißt seine Suppe und die Schinkenfleckerln, und er trinkt sein obligates Mittagsbier.
Er hofft insgeheim, morgen, am Donnerstag, auch sein Bier zu bekommen.
Die Welt ist in Ordnung. Josef ist zufrieden.

11 *Der junge Grünauer*

Als der junge Grünauer am Donnerstag in der Früh in den Stall kam, lag ein Kuhkalb verendet in der Mistrinne. Die Mutterkuh glotzte auf den jungen Grünauer.
Beim Kalben hatte ihr niemand geholfen.
Der junge Grünauer sah in der Mistrinne das Kalb, und er schaute lange der Mutterkuh in die Augen.
Dann nahm er den Besen, den mit dem dicken Stiel. Seine Augen bekamen ein merkwürdiges Feuer. Seine Adern schwollen an.
Der junge Grünauer fluchte.
Er nahm den Besen und schlug damit mit aller Kraft auf die Mutterkuh ein. Er schlug so stark auf die Mutterkuh ein, daß der Besenstiel brach.
Grünauer keuchte. Er nahm das Kuhkalb aus der Mistrinne.
Er nahm es und trug es in den Vorraum des Stalles hinaus.
Grünauer hätte einen Spiegel im Stall haben müssen.
Grünauer hätte sich im Spiegel betrachten müssen.
Er hätte das Weiß in seinen Augen genauer untersuchen müssen. Da kein Spiegel im Stall war, konnte er sich nicht sehen.
In keinem Stall hängt ein Spiegel. Kaum einmal bei einem Bauern ist ein Waschbecken im Stall. Die meisten Bauern waschen sich ihre mistigen Hände im Brunnentrog, aus dem das Vieh trinken muß.

Grünauer wusch seine Hände im Brunnentrog, warf den zerbrochenen Besenstiel in eine Ecke, trocknete sich sorgfältig ab, strich die in das Gesicht hängenden Haare zurück, schloß die Knöpfe seines Hemdes wieder zu und dachte an Maria Höllrigl und das Kind, das er ihr gemacht hatte.
Der junge Grünauer war ein Mensch, der im Dorf nicht auffiel. Er fiel trotz seines relativen Reichtums auch bei den Mädchen des Ortes nicht auf.
Als Mitglied der Dorfgemeinschaft war er einer von ihnen, überall in das Leben dieser Gemeinschaft eingeordnet, regelmäßig am Sonntag in der Messe in der Kirche, zu Weihnachten, zu Ostern und an anderen hohen Feiertagen vor dem Beichtstuhl mit den anderen angestellt und dann zur heiligen Kommunion mit den anderen schreitend. Seine Hände nicht mehr gefaltet als die anderen, seine Haare nicht besser geschnitten als die anderen, sein Sonntagsanzug ebenso grau wie der der anderen.
Er fiel weder beim Kirchtagtanz auf noch beim Sommerfest mit anschließendem Tanz.
Mit den Leuten redete er, wie es im Ort üblich war.
Niemand konnte ihm etwas nachsagen.
Solange er in die Gemeinschaft des Ortes eingefügt war, konnte er nur ein Glied in dieser Runde sein. Hielt er sich nicht an die Regeln und brach er auch nur beim kleinsten Detail aus, dann mußte er auffallen.
Das wiederum stand einem reichen Bauernsohn, wie er einer war, nicht zu.

Als Einzelperson war er keiner mehr von ihnen, da war er der unberechenbare, wechsel- und launenhafte Grünauer. Früher einmal waren die Grünauers verschrien als prozeßsüchtige Kerle, als Streithanseln.
Der alte Grünauer hatte den Ruf seines Hauses gebessert.
Der junge Grünauer war anders als der alte.
Der junge Grünauer war so wie die ganz alten Grünauer.
Wenn sein Jähzorn mitunter durchbrach, so wurde das als Selbstverständlichkeit akzeptiert und nicht ernst genommen.
Sein Vater merkte nicht, was in seinem Sohn steckte.
Seine Mutter merkte es, aber sie dachte an die alten Grünauer, und sie sagte nichts.
Sie durfte wohl nichts sagen.
Zur Rechtfertigung dieser Grünauer-Sippe mag man wohl sagen, daß alles Bergvolk im Grunde durch den Umgang mit den Naturgewalten sehr rauh und mitunter sogar hart geworden ist. Der gelegentliche Kampf mit einem wildgewordenen Stier macht noch nicht den harten Bauern. Da braucht es den ständigen Kampf mit Lawinen und Muren und Hochwassern.
Die Grünauer haben genauso wie die anderen Bauerngeschlechter dieser Gegend ihr Vieh immer höher eingeschätzt und haben mehr darauf gegeben als auf Weib und Kinder.
Was der junge Grünauer im Stall der Mutterkuh antat, war aber eines Bauern unwürdig.
Eher darf er sein Weib schlagen.

Der Kuh hätte er den Rücken und Magen verdroschen, bis sie nicht mehr stehen konnte. Er hätte ihr die Nasenlöcher so lange zugehalten, bis sie umgefallen wäre.
Der Besenstiel brach aber ab. Das Kalb lag in der Rinne.
Dann hatte er an sein Kind gedacht und an Maria.
Nicht mehr, als daß sie da war und daß er sie brauchte.
Nicht mehr vielleicht, als daß er einen Hoferben brauchte.
Oder auch nur zur Bestätigung, daß ein Grünauer auch außerhalb der strengen Regeln von Sitte und Ehe ein Kind haben konnte. Großen Bauern stehen mitunter Ausnahmen zu!
Auch wenn das Schlagen von Tieren eines Bauern unwürdig ist, so geschieht es dennoch immer wieder bei den Bauern unseres Dorfes und der Nachbardörfer. Ein beliebtes Werkzeug zum Mißhandeln von Kühen und Kälbern sind die schweren Kratzen, mit denen der Mist aus der Rinne entfernt wird. Die Stiele dieser Geräte müssen sehr stabil sein.
Für Schafe und Ziegen genügt ein Stock.
Was bei den Bauern geschieht, geht außerhalb des Stalles niemanden im Dorfe etwas an. Der Stall ist Bauernsache.
Das Hotel ist Sache des Hoteliers. Da kann niemand etwas dreinreden. Auf der Kanzel und am Altar hat der Herr Pfarrer seinen Platz.
Frauen gehören hinter den Herd. So war es früher in allen Familien. Aber nur scheinbar. Die Frauen mußten die ersten und letzten auf dem Feld sein. Frauen gehörten auch in den Hühnerstall. Das war früher allgemein so. Heute

gehören Frauen hinter die Schreibmaschine, hinter das Pult der Hotelrezeption, an den Verkaufstisch.
Maria Höllrigl war Sekretärin. Sie saß still und bescheiden an ihrer Schreibmaschine. Von ihrem monatlichen Lohn kaufte sie regelmäßig ein Stück für die Aussteuer, ein paar Handtücher, ein Stück Leinen, einen Vorhang auf Raten. Sie war nicht zufrieden damit.
Der junge Grünauer war mit seinem Los als Bauernsohn zufrieden, und die meisten Leute im Dorf schätzten ihn.

12 *Geld und Fremdenbetten*

In unserem Dorf, in Oberlangdorf, hatten viele Leute derzeit, da die sommerliche Hochsaison angebrochen war, Wichtigeres zu denken:
Geld, Fremdenbetten und wieder Geld.
Außer diesen Dingen war zeitweise in unserem Dorf alles sinnlos. Das Dorf war zu dieser Zeit ohne Fremdenbetten und Geld nicht denkbar. Das Geld bringen aber die vielen Gäste.
Ohne Gäste und Fremdenbetten ist ein Fremdenverkehrsdorf, wie es Oberlangdorf ist, nicht denkbar.
Das weiß der Pfarrer, und das weiß auch der Bürgermeister.
Ohne eine möglichst große Zahl von Fremdenbetten, ohne Bars, ohne Schilehrer, ohne Barmixer und ohne Kellnerinnen ist ein renommierter Wintersportplatz nicht möglich. Doch es gehören auch mechanische Aufstiegshilfen dazu. Das sind vor allem die Schlepplifte, die Sessellifte und möglichst auch eine Seilbahn. Deswegen braucht Oberlangdorf eine Seilbahn.
Ein Fremdenverkehrsort braucht auch ein Hallenbad, eine Sauna und einen Saisonbock. Ein Saisonbock ist einer, der in einer Saison im Interesse des Fremdenverkehrs alle Frauen und Mädchen, die unbefriedigt in den Ort kommen, diesen mit Hilfe des Saisonbocks nicht unbefriedigt verlassen.

Zu einem renommierten Fremdenverkehrsdorf – das will Oberlangdorf ohne Zweifel sein – gehören noch Schuhplattlergruppen, Jodler, Zitherspieler und einige Leute, die ständig in Tracht vor den Gästen herumspazieren. Mehrmals in der Saison haben Veranstaltungen für die Gäste stattzufinden. Sie sollen möglichst volkstümlich sein. Der Gast verlangt danach.

Der Geist ist auf Geld und Fremdenbetten eingestellt. Die Betten sind voll, die Badewannen werden täglich mit frischem Wasser ausgewaschen. Die Schuhe der Gäste werden geputzt. Wünsche werden, in Erwartung auf mehr Geld, bereitwillig erfüllt, bevor sie ausgesprochen werden.

Ein neuer Geist von Unterwürfigkeit zieht in das Dorf ein. Ganz still und unscheinbar.

Von einer Saison zur anderen immer mehr. Auch in Oberlangdorf. Und der Herr Pfarrer merkt es nicht. Die anderen Leute merken es auch nicht. Der Müller-Otto und der Franz von dem Dorf abseits der Straße aber sind unzufrieden mit der Entwicklung.

Nach Ansicht der Touristen, die im Sommer zu Tausenden, im Winter immerhin zu Hunderten in unser Dorf kommen, ist die landschaftliche Schönheit unseres Dorfes und seiner Umgebung klar. Die Touristen halten einige alte, halbverfallene Hütten, ein altmodisches Fuhrwerk, eine alte Kirche mit einfachster Ausstattung für schön. Am Sonntag gibt es manchmal ein Platzkonzert der einheimischen Trachtenmusikkapelle für die Gäste. Auch

einige Einheimische, vor allem die zahlreichen Angehörigen der Musikanten, hören zu.
Die Trachtenmusikkapelle marschiert sehr stramm.
Es ist schön, wenn es bei großen Festen sehr laut hergeht.
Die Gemeinde plagt sich mit vielen Dingen, die sie eigentlich nichts angingen. Der Fremdenverkehrsobmann hat mitunter mit großen Zahlen zu tun, und er müht sich redlich ab, die Tabellen für die amtliche Statistik rechtzeitig, richtig und ordnungsgemäß aufzustellen.
Der Herr Pfarrer denkt daran, die Kirche renovieren zu lassen, und der Bürgermeister plagt sich mit Gedanken an eine Kanalisation. Die Sammlung für die Caritas brachte heuer ein neues Rekordergebnis. Der Herr Pfarrer hebt in bewegten Worten die Spendefreudigkeit der Gemeinde hervor. Der Sprengelarzt kassiert pro Monat das Zehnfache dessen, was die Leute einmal im Jahr der Caritas geben. Der Pfarrer und der Sprengelarzt sind sehr zufrieden.
Einen Dorftrottel gibt es in unserem Dorf Gott sei Dank nicht mehr.
Der letzte hat amtliche Zettel ausgeteilt. Von Amts wegen hat man den letzten Dorftrottel unseres Dorfes vor einigen Jahren in eine Anstalt gebracht. Über den letzten Dorftrottel, der gestottert, geschielt und gestunken hat, haben die Schulkinder der zweiten Hauptschulklasse einmal einen Aufsatz schreiben müssen. »Unser Dorf ist sehr schön. Seitdem die Gemeinde den Dorftrottel in die Anstalt gebracht hat, dort wo auch andere Trottel sind, ist unser Dorf noch viel schöner.«

»Der Herr Lehrer hat gesagt, mit solchen Leuten wie dem, da müssen sich alle schämen.«
»Ein solcher Mann, der nicht einmal schreiben, rechnen und lesen kann, der muß aus dem Dorf verschwinden. Weil er uns den ganzen Fremdenverkehr verpatzt.«
»Er tut immer so blöd lallen.«
»Wir müssen immer lachen, wenn er die Augen verdreht. Der Pfarrer hat aber gesagt, wir müssen uns schämen, wenn wir einen solchen Mann auslachen. Er sei auch ein Geschöpf Gottes.«
Seine Eltern sollen Säufer gewesen sein.
Seine Mutter hat ihn als Baby, wenn er geschrien hat, mit gesottenem Mohn gefüttert.
Die Leute des Dorfes zeigten mit den Fingern auf ihn, die Kinder liefen ihm nach.
Jetzt ist er in einem Heim.
Da stört er keinen mehr.
Die wichtigen Männer saßen nach der Sonntagsmesse beisammen im Gasthaus.
Manche gingen nicht dorthin.
Im Gasthaus wurde Politik gemacht. Auch in der Hotelbar wurde Politik gemacht.
»Ich bin der Meinung, daß wir eine Sportanlage bauen sollten.«
»Es muß ein Kindergarten gebaut werden!«
»Für die Jugend wird nichts getan.«
»Wir brauchen ein Hallenbad.«
»Wozu das?«

Dann der Pfarrer: »Die Andachten an den Sonntagnachmittagen sind sehr schlecht besucht.«
Noch einmal der Pfarrer: »Wenn an den Sonntagnachmittagen bei den Andachten nicht mehr Leute sind, muß ich die Andachten einstellen.«
Sie saßen an den Wirtshaustischen und sprachen. Sie saßen auf den Hockern und Sesseln und Bänken und sprachen. Sie waren sich einig:
»Es muß etwas getan werden.«
Es verging viel Zeit. Die Männer hatten zu Mittag gegessen und saßen am Nachmittag dort, wo sie am Vormittag aufgehört hatten, zu sitzen und zu reden. Dem Übelstand mußte abgeholfen werden. Anlaß gab die Gemeinderatswahl im kommenden Jahr. Es geschah wirklich etwas. Der Barmixer heiratete nicht, wie es ihm auf Grund seines jetzigen beruflichen Standes gebühren würde. Er heiratete keinen Gast. In seinem Beruf müßte er einen Gast aus Deutschland oder gar aus England oder Amerika heiraten. Ein Hotelier müßte eine Hoteltochter heiraten.
Nicht so günstig sah es bei den Schilehrern aus. Diese bleiben meist im Dorf, auch wenn sie vorübergehend, während ihrer Tätigkeit als Schilehrer, in der sozialen Runde des Fremdenverkehrsortes gleich hinter den Hoteliers kommen. Die meisten Schilehrer heiraten eine Verkäuferin aus dem Sportgeschäft oder eine Kellnerin. Sie bauen auf dem ererbten Baugrund, dann haben sie ein Haus, ein Einfamilienhaus mit zwei, drei Fremdenzimmern oder gleich eine ordentliche Pension.

Einheimische Burschen heiraten meist standesgemäß nur einheimische Mädchen.
Also heiraten auch Gewerbetreibende wiederum Gewerbetreibende. Dem Bauernsohn bleibt nichts anderes übrig, als sich seine Frau unter den Töchtern eines Bauern zu suchen. Ein ganz kleiner Gewerbetreibender heiratet die Tochter ganz kleiner Gewerbetreibender.
Überall gibt es nach Abschluß solcher Ehen standesgemäße Kinder. Die Bauern haben die meisten Kinder.
Die Hoteliersfamilien wissen in der Saison nicht, wohin sie die Kleinkinder geben sollen.
Die Gewerbetreibenden machen ihre Kinder sehr früh auf den Stand der Gewerbetreibenden aufmerksam, und sie lehren sie rechtzeitig die Geheimnisse des Geldes und den Umgang mit dem Geld.
Manche entwickeln im Umgang mit Geld eine wahre Meisterschaft.
Aber es gibt sehr viele Ausnahmen.

13 *Winter*

Nach einem kurzen, harten Herbst kam der Winter. Ungewöhnlich viel Schnee. Ende Jänner, am 28. um drei Uhr nachmittags, kamen die Lawinen. Eine nach der anderen. Alle Lawinenstriche wurden Lawinen. Ungeheure Schneemassen!

Ein Omnibus mit Reisenden wurde verschüttet. Zwei Orte wurden auf die Dauer von vier Tagen gänzlich von der Umwelt abgeschnitten. Drei Häuser wurden von Lawinen weggerissen.

Im ganzen Land wurden insgesamt fünfzehn Menschenleben beklagt, davon fünf Männer, drei Frauen und sieben Kinder im Alter zwischen drei und sechzehn Jahren.

Auch die Stützen fünf und sechs der in Bau befindlichen Materialseilbahn wurden weggerissen.

Das war ein schwerer Schlag für die vielen Leute, die ihr gutes Geld für den Bau der Materialseilbahn hingegeben hatten.

Es gab darauf wieder andere Dinge in unserem Dorf, die sehr bemerkenswert und geeignet waren, die früheren Ereignisse zu verdrängen.

Auf die Lawine folgte ein Verkehrsunfall.

Viele Leute aus dem Ort standen herum. Die Leute sahen zu, wie ein Abschleppauto ein anderes Auto abschleppte. In dem abgeschleppten Auto hatte bis vor einer halben Stunde ein Mensch gesessen.

Der lag jetzt im Krankenwagen und wurde in das nächstgelegene Spital gebracht.
Es war niemand tot. Das Auto war völlig zertrümmert. Viele Leute bekamen etwas zu sehen. Der Lenker des total beschädigten Autos war eine halbe Stunde vorher auf dem Glatteis ins Schleudern gekommen und an ein Hauseck geprallt.
Da war weiter nichts zu ändern. Die Leute stellten es einhellig fest. Was die Leute feststellten, das gilt. Wenn einer von ihnen behauptet hätte, bei trockener Straße wäre das nicht geschehen, so hätten es erst die anderen Dorfbewohner bestätigen müssen.
Erst nach Bestätigung der Dorfallgemeinheit hätte es wirklich als unumstößlich gegolten.
Sie konnten ihm keine Schuld zuschieben. Das war sehr dumm.
Es waren viele ältere Dorfbewohner da und viele Kinder. Bald waren auch viele Frauen da, vor allem ältere, und es dauerte nicht lange, dann redeten sie von anderen Dingen als von dem Auto, das an das Hauseck gefahren und dessen Lenker nicht einmal tot war, obwohl das Auto schwerstens beschädigt worden war.
Sie redeten von den anderen Dingen, von den Dingen des Dorfes, von den Dingen, die ihnen im Dorf wichtig waren, von geglückten Entbindungen, von schimmeligem Brot, das der Bäcker gewagt hatte zu verkaufen, von der Caritassammlung, von den Kindern des Bürgermeisters, die sich mit anderen Kindern geprügelt hatten. Geschäftig

und wichtig standen sie in Grüppchen am Straßenrand, und sie erzählten einander von Unglücken.
Solche Unfälle wie der Autounfall sind immer Anlaß, von Unglücken zu reden, die sich früher ereignet hatten, die sich ereignen hätten können und die sich vielleicht einmal ereignen werden.
Der Autounfall hätte viel schlimmer sein können.
Der Unfall hatte die Leute, wie es so oft auch anderswo geschehen kann, von ihrer Arbeit abgehalten.
Ihre Rede kam, wie immer bei solchen Anlässen, auf den Kindsmord und den Kindsmordprozeß im übernächsten Dorf.
Währenddessen hätten diese Frauen in ihren Küchen stehen und Rindsrouladen, Wiener Schnitzel, Schweinsbraten, Eierspeisen und Pommes frites zubereiten können.
Das mittags aus der Schule kommende Kind hätte auch heute um sein Wohlbefinden gefragt werden müssen.
»Bubi, hast du genug zum Essen mitgehabt?«
»Mädi, hat dich die Frau Lehrerin nicht geplagt?«
Das tat keiner von ihnen.
Hinter dem Schalter der nahe gelegenen Bank, in der Nähe der Unglücksstelle, waren der Kassier und seine zwei Gehilfinnen mit der Abrechnung beschäftigt.
Einige Steine vom Hauseck bröckelten ab.
Niemand kam und hob die Steinchen als Beweisstücke auf.
Nur der Hund des Nachbarn schnupperte an der neuen Stelle herum und verrichtete genau an dieser Stelle von nun an täglich seine Notdurft. Hinter dem Schalter der nahe

gelegenen Bank unterhielten sich die Bankangestellten noch einige Zeit über den Vorfall und über den Umsatz des Tages. Gott sei Dank, es waren viele Fremde im Dorf. Das hob den Umsatz beträchtlich.

Die Frauen waren unterdessen eine nach der anderen nach Hause gegangen und standen an ihren Herden in den Küchen. Es gab Rindsrouladen und Reisfleisch oder irgendwas aus der Dose. Das Leben im Ort ging auch am Nachmittag weiter und auch am Abend. Dann schloß die örtliche Bank; sie hatte guten Umsatz gehabt. Otto, der Müller, war nach der Familientradition Müller geworden. Die Frauen des Installateurs und des Mechanikers und die Frau Gemahlin des Uhrmachermeisters waren, ihrer Berufung nach, die ersten Frauen des Ortes.

Deswegen gab es zu Mittag Rindsrouladen und Reisfleisch und Dosenzeug. Wenn das Kind aus der Schule kam, wurde nicht danach gefragt, was es nach der Familientradition wolle. Das ergab sich von selbst.

Der eine wurde Müller, der andere wurde Tischlermeister, und wieder ein anderer wurde Bürgermeister, Gemeindekassier oder Bankangestellter. Es waren auch Bauern darunter. Und auch diese konnten nichts dafür.

Viele waren unversehens aus dem bäuerlichen Milieu, dem sie entstammten, herausgeschleudert worden, hinein in das Bargeld. Vor Jahren war der Fremdenstrom über das Dorf gekommen.

Viele der Ortsbewohner erkannten die günstige Gelegenheit.

Sie vermieteten zuerst ein Zimmer, krochen dann selbst in ein Loch auf dem Dachboden und vermieteten ein zweites Zimmer. Das war doch immerhin langsam gewachsen, ein Zimmer nach dem anderen. Dann wurden diese Vermieter Inhaber einer Pension, eines Fremdenheimes, eines Hotel garni oder anderer ähnlicher Einrichtungen für den Fremdenverkehr. Und sie fanden sich damit ab, daß auch wieder schlechtere Zeiten kommen konnten. Und sie gaben ihren Kindern eine gewissenhaft vorbereitete Ausbildung. Sie ließen den ersten Sohn auf die Hotelfachschule gehen, den zweiten ließen sie zum Koch ausbilden, und den dritten ließen sie Schilehrer werden. War noch ein Sohn da, so konnte dieser zwischen vielen Berufen und Handwerken wählen.

Die Töchter wurden gut verheiratet, nicht selten an ausländische Gäste. Die Töchter zogen fort und kamen jedes Jahr im Sommer in großer Anhänglichkeit an den heimischen Herd zurück. Es wuchs diese Generation der Jungen heran. Sie begnügten sich nicht mehr mit der Frau aus einheimischer Familie.

Es mußte eher schon die Geschäftsführerin, die Direktrice oder sonst was Besseres sein.

Die Zeiten wurden jetzt anders. Nach dem Aufbau kommt die finanzielle Festigung, und darauf folgt die Verschwendung.

Die Frau des Installateurs trägt am Sonntag nur mehr violette Hosenanzüge. Die anderen Geschäftsfrauen wollen es ihr nachmachen.

Die halbwüchsigen Söhne der schnell reich gewordenen Hoteliers bekommen sehr schnell eine große Menge Geld. Sie bekommen es von ihren Vätern. Sie bekommen auch ein Auto und sehr viel Freizeit.
Hinter dem Schalter der örtlichen Bank werden Konten geführt. Kredite werden vergeben, zurückgezahlt und nicht zurückgezahlt. Die Wirte müssen in Zusammenarbeit mit der Polizei und mit verarmten Angehörigen immer mehr Dorfbewohner nach dem Trunkenheitsgesetz behandeln.
Seit kurzem ist auch eine Frau darunter. Wenn der Wohlstand weiter wächst, werden es noch mehr werden. Die Männer werden auch mehr trinken. Für den Gastwirt ist die Schnapsflasche jederzeit griffbereit.
Einer von den jungen Burschen bestieg sein Auto. Er torkelte. Er raste davon.
Hinter dem Dorf endete der asphaltierte Weg.
Am Abend kamen die Leute. Der Gemeindeangestellte Josef hatte den Burschen aus dem total zertrümmerten Auto herausgezogen und in die Wohnstube seines Hauses gebracht.
Die Leute kamen, um den Alkohol aus dem Munde des Toten riechen zu können. Sie kamen, für den Toten zu beten. Sie kamen, um sehen zu können, wie ein Toter nach einem Verkehrsunfall aussieht. Sie kamen aus Neugier.
Josef lehnte hinter dem Tisch. Er gab jedem bereitwillig Auskunft, in welchem Zustand er den Toten gefunden habe.

»Weißt du, im Auto hinter dem Lenkrad eingeklemmt, den Kopf durch die Windschutzscheibe hinaus, die Lenkstange im Bauch, grausig, das sage ich dir, grausig!«

Alle hatten Mitleid.

Mit Josef, der hinter dem Tisch lehnte und aus seiner Bierflasche trank, mit dem Toten, der die Lenkstange im Bauch stecken hatte, mit der Witwe, mit den zwei Kindern des Toten.

Am nächsten stand ihnen Josef. Er war einer der ihren. Sie brauchten ihn.

Josef trank wieder aus seiner Bierflasche.

Am Abend kam der Amtsarzt wegen des Toten in das Wohnzimmer von Josef.

Nach Beendigung der umständlich vorgenommenen Erhebungen und nach Eintragungen in einige Formulare und nachdem er mit Josef ein Bier getrunken hatte, verließ er das Zimmer mit dem Toten.

Das sei unhygienisch, in Anwesenheit eines Toten im gleichen Raum Bier zu trinken, und es gehöre sich nicht, im gleichen Raum Gespräche über alltägliche Dinge zu führen.

Sie sprachen über das Wetter und die Qualität des Bieres. Einheimische Marke, nicht zum Ausschank in den Hotels bestimmt. Dort wird ausländisches Markenbier bevorzugt.

Josef ging noch am selben Abend außer Haus. Einige Meter von seinem Haus entfernt, erbrach er sich. Das gelbe Bier floß über den Weg.

»Herr, gib ihm die ewige Ruhe«, beteten die Bewohner von Oberlangdorf, ohne Unterschied der Person und des Alters.
Kinder bekommen, alt werden, sterben, verunglücken, auf eine gute Fremdensaison warten, im Herbst das Geld zählen, zu Weihnachten in Frieden einander Geschenke überreichen, all das gehört genauso zum Bild von Oberlangdorf, wie es zum Bild vieler anderer Orte gehört.
Das »Herr, gib ihm die ewige Ruhe« kann hier ohne Erschütterung gesprochen werden, weil der Tod etwas Selbstverständliches ist. Die Leute des Ortes sind trotz der vielen Fremden und trotz des vielen Geldes noch gläubig.
Der junge Grünauer kam am Sonntag nach der Messe kurz mit Maria Höllrigl zusammen. In der Kirche hatte Maria während der Messe auf der Männer- und Burschenseite den Grünauer entdeckt. Beim Herausgehen aus der Kirche war immer ein großes Gedränge. Da ließ es sich leicht einrichten, daß sie bald neben ihm war.
»Ich muß nachher mit dir reden. Wart dann draußen.«
»Was willst denn?!«
»Wegen dem Kind. Weißt ja!«
Dann war sie unauffällig in der Menge verschwunden.
Beide kamen durch das Gedränge ins Freie, auf den Kirchplatz.
An der Friedhofsecke wartete er.
»Also, was ist mit dem Kind?«
»Kommst es nicht einmal anschauen?«
»Nein. Wozu?«

»Ist doch deins!«
»Ja, ja, mag schon sein.«
Mürrisch wandte er sich ab. Er wollte gehen. Sie hielt ihn am Ärmel zurück.
Unwillig gab er nach. »Du siehst ja, die Leute schauen auf uns. Du weißt, sie sollen nichts wissen.«
»Ja, ich weiß.«
Über den Kirchplatz ging der Vater des jungen Grünauer. Dahinter kam der Herr Pfarrer.
Der Augenblick war für den jungen Grünauer günstig. »Bei der nächsten Gelegenheit reden wir darüber. Vielleicht auf dem Golfplatz.«
Dann schaute sie ihm mitten in die Augen. Sie schaute tief hinein.
Ihn schauderte. Er erschrak vor diesem Blick.
Glück? Liebe?
Er wußte es nicht. Sie wußte es um so besser. Sie mochte ihn.
Sie hätte alles gegeben, wenn er sie genommen hätte.
Aufdrängen durfte sie sich nicht.
Heimlich schlich sie von der Mauer weg. Sie wollte von niemandem gesehen werden.
Sie hatte ein wenig Hoffnung geschöpft.
Mittags gab es im Hause der Grünauer einen Schweinsbraten. Das Essen schmeckte vorzüglich.
An den Werktagen kamen die Kinder pünktlich aus der Schule nach Hause und bekamen ihr Mittagessen.
Beim Bauern oben auf dem Berg gab es eine Einbrenn-

suppe und ein Wassermus. Nach dem Essen wischte sich der Bauer mit dem Taschentuch den Mund ab.
Am Abend saß der Bauer lang in der Stube auf der Bank vor dem Kachelofen. Er las im Kalender.
Draußen regnete es. Die Stille und das unaufhörliche, beharrliche Rinnen des Regens machte ihn nachdenklich. Er dachte an seinen Hof. Sein armseliger Hof zuoberst auf dem Berg. Der Sohn, der einzige Sohn fortgezogen. Die Bretter auf den Dächern morsch. Die Schafställe durchgefault. Die schwere Hand an der Pfeife. Seine Frau kommt zu ihm in die Stube. Vor ihr auf dem Boden ein Haufen Flickwäsche. Sie strickt. Die Nadeln klappern. Der einzelne oben am Berg blieb einer der wenigen, die von der ins Dorf gezogenen Konjunktur nichts spürten.

14 *Unsere Zäune*

Der Friedhof ist von einem Zaun umgeben. Die Toten auf dem Gottesacker sollen hinter dem Zaun ihre Ruhe finden können.

Genauso errichten die Menschen um ihre Häuser und Grundstücke herum Zäune.

Besonders die Besitzer von Einfamilienhäusern umgeben sich mit Zäunen, mit sehr festen, stabilen Zäunen. Die Bewohner dieser Einfamilienhäuser verkriechen sich dahinter. Sie wollen nicht gesehen und nicht gestört werden.

Um das Dorf herum gab es früher auch einen langen Zaun. Er mußte mehr als zwei Kilometer lang gewesen sein.

An Begräbnistagen haben die Leute des Dorfes einen halben Feiertag. Da stehen sie steif in ihren Festtagsgewändern herum. Unnahbar in ihrer ungewohnten Kleidung.

In früheren Jahrhunderten boten die Zäune Schutz gegen die wilden Tiere von draußen. Aber auch die Äcker mußten vor dem Hühnervolk geschützt werden.

Heute umgeben sich die Leute des Ortes wiederum mit einem Zaun.

Weil sie abgesondert sein wollen von den anderen.

Ein Stück weiter zur Vereinsamung.

Einen Schritt aus der Gemeinschaft heraus, die in früheren Jahren nicht durch Zäune von außen abgesichert werden mußte. Auf den Almen sind Zäune, am Rande der Almen sind Zäune, am Rande der Felder sind Zäune.

Um die Einfamilienhäuser herum sind Zäune.
Stacheldrahtzäune sind Zeichen unserer Zeit. Früher waren Holzzäune selbstverständlich. Wenn die Obrigkeit das Sparen verordnete, dann mußten für die Zäune die herumliegenden und von der Mure angeschwemmten Steine verwendet werden.
Die Leute dieser Gegend mußten mit dem Zaun leben, genauso wie mit dem Vieh und mit ihren Gebäuden. Genauso wie sie es verstanden, ihre Häuser sicher und zweckmäßig zu bauen, so verstanden sie es auch, die Zäune mit dem vorhandenen Material bestmöglich zu gestalten.
Sie nahmen einige Latten, die sie sonst nicht gebrauchen konnten, und sie holten Weideruten aus dem Gesträuch. Sie steckten die Latten in den Boden, verschränkten sie untereinander, damit sie nicht umfallen konnten, und banden noch eine Weiderute herum.
So entstand der billigste und schönste Zaun, den man sich denken kann.
Das mag wie ein Widerspruch klingen in einer Zeit, da die Technik uns alle Möglichkeiten gibt, aus allen Materialien alles zu machen, was man will. Seitdem der Draht und das Drahtgeflecht für die Zäune nutzbar gemacht wurden, haben sich für die gesamte Menschheit ganz neue und bisher ungeahnte Möglichkeiten ergeben. Aber trotz aller Technik ist es nicht gelungen, einen solchen Zaun künstlich herzustellen, von dem viele behaupten, es sei der billigste und schönste Zaun. Eben der, den die Leute aus unserer

Gegend nur aus wertlosen Nebenprodukten herzustellen verstanden, aus Latten und Weidenruten.
Der erste Zaun unseres Dorfes ist um den Friedhof. Die Toten haben ihre »himmlische Ruhe«.
Nicht weil noch bis vor wenigen Jahren in der Früh und am Abend die Kälber der sieben Bauern des Ortes durch den Ort getrieben wurden und diese Kälber auch die frisch gepflegten Gräber und die Blumen abfressen hätten können, nicht deswegen wurde der Zaun errichtet. Weil es ein uralter Brauch, weil es »altes Herkommen« ist, hat man den Zaun um die Toten des Dorfes gemacht.
Die Kinder klettern darüber, wenn sie auf der anderen Seite des Zaunes spielen wollen. Die kleinen Häuschen, die in unserem Dorf in den letzten zwanzig Jahren so zahlreich gebaut wurden, sind fast ausnahmslos mit einem Zaun umgeben worden. Es gibt darunter hohe Zäune entweder aus Holz oder aus Draht, es gibt »naturbelassene« Zäune, solche aus Sträuchern, also sogenannte »lebende« Zäune. Es gibt angestrichene Zäune und nicht angestrichene Zäune. Die angestrichenen halten länger.
Die Menschen unseres Dorfes leben so dahin, als würde jeder dem anderen alles, was er hat, stehlen wollen.
Das ist die Einstellung, die durch die heutige Zeit hervorgerufen worden ist.
Früher, ja, da konnte man ohne weiteres sein Fahrrad gegenüber dem Gasthaus an der Straße stehen lassen. Kam der Lange Toni besoffen aus dem Gasthaus, vergaß er sein Fahrrad und wankte zu Fuß heim. Seine Frau schimpfte

am nächsten Tag furchtbar mit ihm. Er aber wußte nicht, wo das Fahrrad geblieben ist.

Nach einer Woche fand sie das Fahrrad, gegenüber dem Gasthaus, an der Straße, unbeschädigt. Nur ein wenig Luft ist ausgegangen.

Ein langer Holzzaun umgab früher das ganze Dorf. Der Zaun diente dazu, daß die Hühner, die von Georgi bis Michaeli eingesperrt sein mußten, nicht in die Felder und Äkker gelangen konnten. Die Instandhaltung dieses Zaunes war in einem eigenen Zaunbuch streng geregelt und Schritt für Schritt eingeteilt. Wer nicht in der Lage war, seine sechs oder zehn oder fünfzehn Schritte instand zu halten, wurde mit Strafe belegt.

Heute gilt die Allgemeinheit nichts mehr, und der einzelne gilt dafür alles. Deswegen werden die Gemeinschaftszäune nicht mehr instand gehalten, und die Privatzäune um die Einfamilienhäuser werden dafür um so emsiger gepflegt.

Der Inhaber der Eisenhandlung, der die Stacheldrahtzäune verkaufte, war ein Geschäftsmann. Den Leuten des Ortes redete er diese neuen Zäune als die besten Zäune ein. Die Leute kauften sie auch wirklich, obwohl ihnen anderes aus diesem Geschäft besser gefiel. Die anderen Zäune waren außerdem billiger. Aber der Inhaber der Eisenhandlung war ein guter Geschäftsmann. Vielmehr war dessen Frau die Geschäftsführerin, und an deren Geschicklichkeit lag wohl der Umsatz für Stacheldrahtzäune.

Da geschah es, daß an einem dieser neuerrichteten Sta-

cheldrahtzäune ein Unglück passierte. Der Hund eines Gasthausbesitzers jagte einer Katze nach. Die Katze schlüpfte unter dem Zaun durch. Der Hund versuchte, über den Zaun zu springen, kam nicht darüber, blieb mit dem Bauch am Stacheldraht hängen, heulte erbärmlich, wurde von den Nachbarn erlöst. Der Hund ging noch am selben Tag ein. Der Stacheldraht war schuld, und der Besitzer der Eisenhandlung war schuld.
Am gleichen Tag war der Bürgermeister zu einem Lokalaugenschein an Ort und Stelle.
Die erwachsene Tochter des Hundebesitzers weinte um ihren Hund. Der Sohn des Hauses fluchte. Der Gastwirt rannte sofort zum Bürgermeister und zum Pfarrer und zum Eisenhandlungsgeschäft und zum Notar in die Stadt und dann, weil sich der Notar für unzuständig erklärt hatte, zum Rechtsanwalt.
Die Sache mit dem Stacheldrahtzaun und dem Hund sollte vor Gericht kommen, und die Geschichte mit dem toten Hund am Stacheldraht sollte für Oberlangdorf sehr wichtig werden.

15 *Der Hof auf dem Berg*

An den Fasttagen ging es bei dem Bauern auf dem Berg sparsamer her als bei den Bauern im Tal. Am Kirchtag aber war die Bäuerin auf Geheiß des Bauern verschwenderischer als drunten.

Warum das so ist, können wir nicht ergründen. Das wird auch dem fortziehenden Sohn nicht begreifbar zu machen sein. Es ist die Frage, ob er überhaupt an solche Dinge denken wird.

In diesen Sekunden schaut er gemeinsam mit seinem Vater zu dem Hof hinauf, in dem er vor gut zwanzig Jahren geboren wurde.

Da ziehen in wirrer Folge Bilder durch seinen Kopf:

Er sieht, wie ein mächtiger Windstoß das Dach seines Hauses mit fortnimmt.

Im Keller sind Kartoffeln gelagert. Dorthin dringt ein riesiges Heer von Murmeltieren, und diese Tiere zerfressen alles, was sie finden.

Er sieht sich in der Wiege liegen – ja, das gab es –, und seine Mutter kommt, ihn zu säubern. Da kriechen Tausende von kleinen roten Waldameisen heraus, und seine Mutter rennt entsetzt davon. Er sieht seinen Großvater, der in der Stube auf der Ofenbank liegt und seinen Rosenkranz betet, wie er es Abend für Abend tut, manchmal stundenlang. Er murmelt vor sich hin, und der Enkel hört aus dem Mund des Großvaters ganz unglaubliche und schreckliche

Dinge. Über dieses Land werde eine riesige Flut von rotem Blut kommen und alles wegreißen, was nicht beten und nicht im letzten Moment in die Kirche flüchten kann. Der Großvater röchelt, und dann stirbt er.
Er, der fortziehende Sohn, sieht dies alles, und er wendet sich ab. Schnell stürmt er zu Tal.
Der Vater ruft ihm noch nach: »Bub! Vergiß nicht aufs Beten!« Dann ist er weg, und der alte Vater ist allein.

Der Alte blieb auf dem Bauernhof zurück. Er hatte seinem Sohn mit auf den Weg gegeben, das Beten nicht zu vergessen.
Der Alte selbst blieb auf seinem Hof, oder was man eben als Hof zu bezeichnen hat. Er betete manchmal am Abend nach getaner Arbeit einen Rosenkranz, und er betete auch, wenn er an Sonntagen bei der Messe im Dorf unten war. Sicher, es fehlte nicht daran.
Daß der Herrgott an ihm eine Freude haben müßte, schien völlig außer Zweifel.
Am Hofe war in den letzten Jahren kaum etwas gerichtet worden. Notdürftig wurde im Frühjahr das Dach des Stadels mit Dachpappe und einigen Brettern repariert. Im Stall waren die Schafbarren von Jahr zu Jahr ein wenig auszubessern. Dort war ein Nagel einzuschlagen, und dort war ein Stück Draht herumzubinden. Alles war in einem vernachlässigten Zustand verblieben. Romantisch war es. Weil eine Schlamperei mit alten Sachen immer romantisch ist.

Das wußte der Bauer aber nicht.

Es fehlte an allen Ecken das Bargeld. Das fehlte zumeist auf den Höfen, die von alters her an Selbständigkeit gewöhnt waren, wo also nur Material gegen Material gehandelt und getauscht wurde. Erdäpfel wurden gegen Weizen gehandelt, Obst wurde gegen Zucker getauscht, und der Traktor wurde aus dem Erlös von drei Jahrkälbern angeschafft. Seit Jahren war es immer mehr notwendig geworden, Bargeld auf den Hof zu bringen. Bargeld war notwendig. Auch der Wirt verlangte danach, wenn der Bauer sein Glas Wein trank. Auch der Mesner verlangte danach, wenn er am Sonntag bei der Messe mit dem Klingelbeutel umging.

Der Herrgott mußte an dem Bauern seine helle Freude haben.

Das wußte der Bauer aber nicht.

Der Hohe Wildkogel, der Niedere Wildkogel und der Wasserfallkogel sind nur drei der zahlreichen Berge, die sich rund um unser Dorf erheben.

Einzelne Gäste unseres Dorfes würden sich gern auf einen der Berge zurückziehen können wie die Schafe, wenn sie sich vor dem Schnee verstecken, und wie die Rehe, die unter einer mächtigen Fichte sich im niedrigen Astwerk verkriechen.

Dort könnten sie dann in Ruhe abwarten, bis unten in unserem Dorf Männer aus großen Lastkraftwagen aussteigen und von den Lastkraftwagen große, mächtige eiserne Stützen für die Materialseilbahn abladen. Die neuen Stützen

fünf und sechs sollen, so wird im Dorf von Haus zu Haus berichtet, viel stärker und stabiler werden, als sie vor der Lawine waren.
»Man wird doch sehen, wer stärker ist«, sollen die fremden Männer vom Bautrupp gesagt haben, die unmittelbar nach der Lawine in unser Dorf gekommen waren.
Ob das nicht ein gewaltsamer Einbruch in die Natur sei, haben einige Männer vom Dorf den Ingenieuren der Baufirma, die die Materialseilbahn errichten sollen, zu bedenken gegeben.
»Nein!« sollen die Ingenieure geantwortet haben. Vielleicht ließe sich die Antwort damit begründen, daß die Stützen für die Materialseilbahn wieder abgetragen werden sollen, wenn sie nicht mehr nötig sind.
»Ja«, gaben dann diese Männer zu bedenken, an deren Stelle sollen aber neue Stützen errichtet werden.
Es soll deswegen bei einer der letzten Gemeinderatssitzungen zu harten Auseinandersetzungen zwischen dem Bürgermeister und einigen Gemeinderatsmitgliedern gekommen sein.
Was vorher nicht an die Öffentlichkeit des Dorfes dringen sollte, kam auf diese Weise doch heraus: daß nämlich nicht nur eine Materialseilbahn geplant war, sondern eine richtige Seilbahn gebaut werden sollte. Die meisten in unserem Dorf machten sich keine Gedanken darüber, wozu überhaupt die Materialseilbahn gut war, wem sie diente und wer daran profitieren könnte.
Als ruchbar wurde, daß es sich um eine wirkliche Perso-

nenseilbahn handle, siegte der Ehrgeiz, hinter anderen Orten und aufstrebenden Fremdenverkehrsgemeinden nicht zurückstehen zu wollen.

Wer sich trotzdem dagegen wehrte, sei es, daß er wegen der Zerstörung eines herrlichen Stückes Natur Bedenken hatte, sei es, weil der daraus zu erwartende Gewinn doch wieder nur ein paar Geschäftsleuten, wie den Wirten und dem Besitzer des Selbstbedienungsladens sowie dem Schuster und dem Sportartikelgeschäft, zugute kommen würde, der wurde von der Mehrheit der Dorfbewohner überstimmt.

Entscheidender war die Tatsache, daß mit Begriffen wie »Gemeinschaftsanlage«, »Aktiengesellschaft«, »Gewinnbeteiligung für alle«, »für das Gemeinwohl«, »im Interesse aller« und »im Dienste unserer Gäste« auch die Gescheitesten in unserem Dorfe sich erhaben vorkamen.

Da waren alle Gemeindebürger eines Sinnes. Sie waren davon überzeugt, daß nur auf diese Weise das Ansehen des Ortes in aller Welt steigen könne. So geschah in unserem Dorf allmählich das, was in anderen Orten schon längst Wirklichkeit geworden war und was in weiteren Orten noch lange Wunschtraum bleiben sollte.

Die Natur wurde allen Menschen erschlossen.

»Der Tag X ist angebrochen«, verkündete in stolzer Freude der neuernannte Präsident der örtlichen Wild- und Wasserfall-Kogel-Erschließungsgesellschaft m.b.H., seines Zeichens geprüfter Schilehrer und Bergführer, verheiratet, drei Kinder, Inhaber eines Fremdenheimes. Die örtliche Musikkapelle war angetreten. Alle Instrumente funkelten in neuem Glanz. Sie waren geputzt worden. Die Musikkapelle spielte den vom Schuldirektor höchst persönlich komponierten Wildkogelmarsch. Ein hoher Parteifunktionär aus der Stadt, der zu diesem großen Fest gekommen war, fand, daß die Musikkapelle falsch gespielt habe.

Wegen böser Verleumdung wurde er von den Parteifreunden das nächste Mal einfach nicht mehr eingeladen, wurde von Mann zu Mann einmütig versichert.

Anläßlich der Eröffnung der Seilbahn würde allen Dorfbewohnern eine Freifahrt und ein Freibier gespendet, versprach der Bürgermeister.

Vielleicht war das der wahre Grund, warum letztlich alle Widerstände gegen den Bau der Bahn zerstreut werden konnten?!

Ein ehemaliger Bewohner des Dorfes aber, der seit mehreren Jahren in der Stadt wohnte, bekam durch seine Verwandten Kenntnis von der Sache.

Er griff die Sache auf.

Er erkundigte sich genau nach den Hintergründen. Er erfuhr Dinge, wie sie nur in der Wirklichkeit so unwahrscheinlich geschehen können. Erfinden kann man diese Dinge nicht.

Er brachte darüber eine Glosse in der Lokalzeitung.

Daraufhin wurde er bei seinem nächsten Aufenthalt in der Heimatgemeinde seiner Vorfahren zum Bürgermeister gerufen. Beim Bürgermeister saß auch der Pfarrer.

Die Geschichte mit dem Hund und dem Stacheldrahtzaun war ja noch lange nicht erledigt.
Auch daran war der ehemalige Dorfbewohner schuld. Die Leute redeten darüber, die Männer mit Zigaretten im Mund im Wirtshaus, die Frauen im Selbstbedienungsladen. Bald redeten sie auch anderswo darüber. Bald redeten sie auch in den Nachbargemeinden darüber.
Was sich am Zaun von Oberlangdorf abgespielt hatte, war mehr als lächerlich.
Alle mußten sich schämen.
Der Fremdenverkehrsobmann war anderer Meinung.
Werbung ist Werbung.
Dem ehemaligen Dorfbewohner wurde vom Obmann des örtlichen Bauernbundes die Notwendigkeit guter Zäune eindringlich vor Augen gehalten.
»Zaun muß Zaun sein!«
»Zaun muß Zaun bleiben!«
Selbstverständlich. Wir brauchen gut funktionierende Zäune.
Die finanzielle Seite ist bereits geregelt.
Der Besitzer des Stacheldrahtzaunes und der Besitzer des Hundes seien übereingekommen, die Angelegenheit außergerichtlich bereinigen zu wollen. Damit sei die Angelegenheit erledigt.
Immer mehr Menschen strömten an den folgenden Sonntagen nach dem Gottesdienst zu besagtem Zaun. Sie kamen offiziell zur Besichtigung dieser Dorfeinrichtung. In Wahrheit aber wollten sie Ohren- und Augenzeugen einer

neuen, weiteren und hoffentlich noch schrecklicheren Zaunkatastrophe werden. Sie warteten sichtlich und mit äußerster Spannung darauf, daß etwas geschehe.
Die Männer ließen sich, nachdem sie ihre Taschentücher auf dem Boden ausgebreitet hatten, auf den Taschentüchern nieder, rauchten eine Zigarette oder Zigarre um die andere. Sie besprachen die Vorgänge in ihrem Ort.
Man würde die Musikkapelle in Tracht neben dem Zaun aufstellen. Man würde die Trachtenmusikkapelle der Nachbargemeinde um ein Ständchen am Zaun bitten. Man würde die Bienenzüchter bitten, ihre Stöcke in der Nähe des Zaunes aufzustellen. Die Schafe des Ortes würden dort weiden. Man möge heute schon, also zeitgerecht, in Erwägung ziehen, ob der Herr Pfarrer nicht am Zaun eine Feldmesse lesen und eine Zaunpredigt halten sollte.
Irgendwo zutiefst in ihren Herzen waren die Dorfbewohner froh, daß der ehemalige Dorfbewohner, der schon so lang weg war, ihres Heimatdorfes gedachte und ihren Ort in der Presse ausführlich genannt hatte.
Einige führende Personen des Dorfes wollten dies jedoch nicht als Ehre aufgefaßt haben, sondern betrachteten es als Beleidigung ihres Ortes, ja sie behaupteten sogar, der ehemalige Ortsbewohner sei ein Nestbeschmutzer.
»Pfui«, sagten sie zu ihm und ließen ihn links liegen.
Die Frauen hatten am Sonntagvormittag kaum Zeit, zum Stacheldraht zu kommen. Sie waren in der umzäunten Küche ihres Einfamilienhauses oder Bauernhauses oder Fremdenheimes damit beschäftigt, für ihre Männer

und für die Kinder und Gäste das Mittagessen herzurichten. Am Nachmittag freilich, da würden auch sie herauskommen zum Zaun, um nachzusehen, wo und unter welchen Umständen der Hund des Gasthausbesitzers ums Leben gekommen war. Und sie wollten zusehen, ob nicht an der gleichen Stelle sich nicht nur ein Hund verletzen, sondern vielleicht auch eine ihrer tratschsüchtigen Kolleginnen am Stacheldrahtzaun die Zunge aufschneiden würde.

Am Sonntagnachmittag waren sie dann wirklich herausgekommen an den Ortsrand zum Zaun. Sie brachten in Thermosflaschen frisch gemachten heißen Kaffee mit.

Sie unterhielten sich über sich selbst, über ihre Männer, über die Gäste im Dorf, sie tranken Kaffee aus den Thermosflaschen und warteten auf ein weiteres Ereignis. Sie hofften, daß die Dinge, die da noch kommen sollten, ärger und schlimmer sein würden als die bisherigen.

Sie saßen neben dem Stacheldrahtzaun und waren sich dessen bewußt, daß er ein neues Standessymbol des Dorfes darstellte, und sie warteten auf ein Unglück.

Bürgermeister, Pfarrer, Fremdenverkehrsobmann, *Bauernbundobmann und Landjugendobmann* waren einer Meinung: Hier wurden neue Akzente gesetzt.

Am kommenden Sonntag wollte der Herr Pfarrer darüber eine Predigt halten.

Im Bezirksblatt würde dieses Ereignis ausreichend gewürdigt werden.

Der Zaun wird daher in die Prospekte eingehen. Einige besonders weitsichtige Männer im Ort beabsichtigten sogar,

Zaunfestspiele ins Leben zu rufen. Der Eisenhändler, der ja den Stacheldraht importiert hatte, wollte einen beträchtlichen Teil des Startkapitals beisteuern.
So ist unser Dorf auf dem besten Weg, zu einem international anerkannten Fremdenverkehrsort zu werden.
Dazu hat nicht allein die geplante Seilbahn beigetragen.
Der Wandel der Zeit ist an den Materialien, aus denen der Zaun besteht, feststellbar. Statt Holz ist es nun das Drahtgeflecht, und letzteres ist wahrscheinlich beständiger.
Die Menschen, die darum herumsitzen, kratzen sich, wenn sie in Streit kommen, nach wie vor die Augen aus. Aber solches geschieht nur in Ausnahmefällen.
Den Stacheldrahtzaun haben sie auch um ihre Herzen herum aufgebaut und einen weiteren Zaun um ihre Familien und einen weiteren Zaun um ihre Einfamilienhäuser und einen letzten Zaun um ihre Grabstätten, auf dem mit einer starken Mauer umgebenen Ortsfriedhof.
Am Sonntag sitzen die Frauen um den Zaun herum und warten darauf, daß sich wenigstens ein Hund daran erhängt. Sie packen am Nachmittag, wenn sie Hunger verspüren, die mitgebrachten, inzwischen kalt gewordenen Schnitzel mit dem gemischten Salat aus, den sie in mit Gummiringerln verschlossenen Einmachgläsern mitgebracht haben, und sie schmatzen dahin, bis es dunkel wird. Und die Männer haben eine Kiste Bier mit. Sie trinken, wie es sich gehört, direkt aus der Flasche, und die Jugendlichen sitzen eher am Rande des Geschehens. Sie haben das Kofferradio auf volle Lautstärke eingeschaltet,

und sie hören Beatmusik, die Rolling Stones und Udo Jürgens.
Wenn der Tanz um den Stacheldrahtzaun zu Ende ist, wenn sich niemand daran erhängt oder aufgespießt hat, gehen alle zufrieden nach Hause in ihre sorgsam umfriedeten Häuser und warten darauf, daß im Fernsehen um 19 Uhr im Österreichbild vielleicht ein Bildbericht von den Ereignissen in ihrem Ort ausgestrahlt wird.

16 *Weihnachtsbescherung*

Und es begab sich, daß am Heiligen Abend dieses Jahres kein einziges Fremdenbett mehr frei war. Alle Badewannen und Gasthaustische waren ausverkauft. Die Preise pro Bett und Badewanne stiegen. Für zehnmal Bett mit Frühstück mußte der Gegenwert einer Kuh gerechnet werden.
Und es begab sich also an diesem verkehrsreichen Heiligen Abend, daß viele Gäste keinen Platz mehr fanden, nicht einmal eine Badewanne.
»Das hat es noch nie gegeben.« Die einhellige Meinung der Leute war offenbar.
Und es begab sich, daß in Oberlangdorf die merkwürdigste Weihnachtsbescherung stattfand, die es je in einem stillen Bergdorf gegeben hatte.
»Ehre sei Gott in der Höhe«, prangte es in großen Leuchtbuchstaben vom führenden Hotel des Ortes.
»Merry Christmas to you«, grölten zwei besoffene Amerikaner an der Hotelbar des führenden Hotels im Ort.
Und es begab sich, daß der Pfarrer eine Anstandsvisite durch den fremdenverkehrserfüllten Ort machte und daß er sich freute, weil seine Schäflein alle (»Gott sei Dank«) wohlversorgt im trockenen und von Wirtschaftskrisen unbeeinflußt ihr sonntägliches Geldopfer um so reichlicher in den Klingelbeutel fallen lassen konnten.
Auf frohe Festtage anstoßend, saßen einige Männer bei Weihnachtsstimmung, Sekt und erstklassigem, hausge-

machtem Weihnachtszelten in der Wirtsstube des einen Gasthauses.

Und merkwürdigerweise begab sich viel zu wenig in dem Ort, daß es fremden Leuten besonders aufgefallen wäre.

Nicht einmal das mitternächtliche Turmblasen in den letzten Jahren hatte geholfen.

Die frommen und alten Weisen stimmten zu nachdenklich, und die Musikanten waren zu schwer aufzutreiben, weil sie als Schilehrer untertags auf der Piste und abends in der Bar ihren schweren Dienst zu versehen hatten.

Man mußte sich etwas Neues einfallen lassen.

Ein Christkindleinzug am Heiligen Abend vor der Mette kam nicht in Frage, weil sich keine Kranzljungfrau finden ließ und weil das Christkind bei der künstlichen Beleuchtung zu wenig wirkungsvoll für Photographen und Filmer herauskam.

Die Männer, die im Gasthaus beisammensaßen, hatten darüber zu beraten, was geschehen sollte, um den Heiligen Abend möglichst festlich und unter Rücksicht auf religiöse Gefühle stimmungsvoll, aber auf der anderen Seite fremdenverkehrspolitisch wirksam zu gestalten. Das war nicht leicht.

Deswegen begab sich auch etwas, das als sehr bedeutungsvolles Ereignis unbedingt in der Gemeindechronik, aber auch in der Pfarrchronik, in der Schulchronik und in der Chronik der örtlichen Musikkapelle festgehalten zu werden verdient.

Die Männer kamen überein, daß ihr Ort eine Monster-

weihnachtsbescherung für die Fremden machen sollte, unterschiedlich nach Nation und Geschlecht.
In aller Eile wurde der für das Meldewesen zuständige Gemeindeangestellte herbeigerufen. Er sollte aus dem Gemeindeamt die Meldezettel und die Meldelisten mitbringen.
In alle größeren Fremdenbeherbergungsbetriebe, also in alle Häuser mit zehn und mehr Fremdenbetten, wurden Boten gesandt, die ermitteln sollten, welcher Nationalität und welchen Geschlechts die Gäste im Ort seien.
Mit diesen Meldungen als Grundlage hoffte man, den Standard der derzeit im Ort befindlichen Gäste ermitteln zu können. Des weiteren wurden die Obmänner aller im Ort vorhandenen Vereine, Verbände, Kameradschaften und dergleichen gebeten, bis spätestens 22 Uhr im Gasthaus »Unter der Taube« pünktlich zu erscheinen. Man dachte daran, alle Formationen in Tracht beziehungsweise Uniform ausrücken zu lassen, um ein möglichst farbenprächtiges Bild des Ortes präsentieren zu können.
Selbstverständlich durfte dabei die geistige und geistliche Führung des Dorfes nicht fehlen.
Während also Gäste abgefertigt und in ihren Zimmern verstaut wurden, begannen die Vorbereitungen in vollem Umfang anzulaufen.
Bisher schien es, daß alles einwandfrei ablaufen müßte.
Der Gemeindeangestellte rannte in die Gemeindekanzlei um die geforderten Unterlagen. Er lieferte sie mit Würde im Gasthaus ab.
Dann ging er zurück nach Hause. Er fühlte sich sehr ge-

ehrt, und er trank an diesem Abend mehrere Flaschen Bier. Er trank mehr, als er sonst zu trinken pflegte.
Die Boten liefen durch alle Häuser, in denen sich mehr als zehn Fremdenbetten befanden. Sie zählten genau nach, was in den Meldelisten und in den Kopien der Meldezettel aufgeschrieben stand. Ein jeder mußte aufzeichnen. Sie machten zwei Tabellen. Eine Tabelle war für die Eintragung nach Nationalitäten und die andere Tabelle war für die Eintragung nach den Geschlechtern.
Es gab kaum Schwierigkeiten. Die hätte es gegeben, wenn auch nach den Inländern gefragt worden wäre.
»Können wir wegen Geringfügigkeit ignorieren.«
Innerhalb der »Deutschen« wurde nicht unterschieden nach Westberlin, Ostberlin, Bundesrepublik Deutschland oder Deutsche Demokratische Republik. Einfach »deutsch«.
Die Boten liefen sehr emsig durch die betreffenden Häuser. Sie notierten, zählten und sprangen herum.
Noch rechtzeitig lieferten sie alle Listen am Gasthaus ab. Dort war alles, was »Rang und Namen« hatte, versammelt. Da saß am Ende des langen Tisches der Bürgermeister. Zur Rechten davon saß der Herr Pfarrer. Neben ihm schließlich saß der Obmann des Fremdenverkehrsverbandes. Zur Linken des Bürgermeisters mußte ein Platz frei bleiben. Dieser Platz war für den Herrn Obmann des Wirtschaftsbundes vorgesehen.
Da der Bürgermeister gleichzeitig auch Obmann des Wirtschaftsbundes war, mußte jeweils einer der beiden Plätze

leer bleiben. Ergriff dann im Laufe der Sitzung der eine oder der andere das Wort, so hatte der Bürgermeister als Bürgermeister vom Sessel des Bürgermeisters aus zu reden, und als Obmann des Wirtschaftsbundes hatte der Bürgermeister vom Sessel des Wirtschaftsbundobmannes zu reden. Er mußte während der Versammlung öfters sehr schnell seinen Platz wechseln, weil ihm einmal als Bürgermeister etwas einfiel und unmittelbar darauf als Wirtschaftsbundobmann.

Anschließend an den Obmann der Musikkapelle saß der Obmann der Trachtenvereinigung. Der Präsident des Wintersportvereins saß gegenüber.

Je nach der Zahl der Fremdenbetten in den Hotels, Gasthäusern und Fremdenheimen saßen die Besitzer der jeweiligen Häuser. In der Hierarchie des Ortes war alles sehr streng geregelt. Bei der Auszählung der Listen ergab sich, daß es im Ort mehr als 50 Häuser mit mehr als zehn Fremdenbetten gab, daß mehr als neunzig Prozent der Gäste »Deutsche« waren. Vier Prozent der Gäste waren aus England. Die anderen sechs Prozent verteilten sich auf Amerikaner, Holländer und andere Nationen.

Es begab sich, daß der Bürgermeister als Obmann des Wirtschaftsbundes mit Stolz die Anwesenheit von Gästen aus mehreren ausländischen Staaten melden konnte. Da aber mehr als neunzig Prozent »Deutsche« waren, wurde beschlossen, nur den Geschmack der »Deutschen« zu berücksichtigen.

Wie sich nach Auszählung der gemeldeten Gäste ergab,

waren fünfzig Komma neun Prozent weiblich und neunundvierzig Komma ein Prozent männlich.
»Mit großer Freude und Überraschung stellen wir fest...«
Das sagte irgendeiner.
»Die Weihnachtsbescherung!«
Das sagte ein anderer.
»Nur mit der Ruhe!« Der Pfarrer mußte in gewohnter Art und Weise schlichten.
»Wie gestalten wir das Fest?«
Das war ja die heikle Frage.
»Die Bescherung für die Gäste, Ruhe! wird«, so beschloß nach längerer Beratung der Bürgermeister, »am 25. Dezember um 15 Uhr im Musikpavillon beginnen.«
Folgende Programmabfolge ist beschlossen, sofern keine entscheidenden Einwände gegen Sitte, Moral und wirtschaftliches Empfinden vorgebracht werden können:

14.00 Die Musikkapelle spielt das Stück »Ihr Kinderlein kommet«.
Inzwischen gehen zwanzig Mädchen des Ortes in Tracht mit süßen und scharfen Schnäpsen (Obstler) durch die Reihen der zahlreichen Gäste.

14.05 Der Schützenhauptmann läßt die angetretenen Schützen salutieren.
Der älteste vorhandene Gast darf das Kommando »Auf zur Bescherung« geben.
Inzwischen haben die Schulkinder aller Klassen

und Schulen vor dem Musikpavillon Aufstellung genommen.

14.06 Salut der Schützen.

14.07 Die Schulkinder singen das Lied »Leise rieselt der Schnee«.

14.15 Ansprache des Bürgermeisters.

14.40 Die neu aufgestellte Jungmädchengarde singt das Lied »Es hat sich halt eröffnet« auf der Bühne des Musikpavillons.

14.55 Weihe der an die Gäste zu verteilenden Geschenke durch den Pfarrer.

15.00 Die Gäste dürfen auf Kommando des Schützenhauptmannes auf die Geschenke zugehen. Die Geschenke haben sich deutlich sichtbar auf dem Boden des Musikpavillons zu befinden.

15.30 Nachdem alle Gäste ihre Geschenke haben, singt der Schülerchor die zweite Strophe des Liedes »Ihr Kinderlein kommet«.

15.40 Salut der Schützen.
Kommando »Abmarsch«.

Die Geschenke sollen in der Hauptsache aus alkoholischen Getränken bestehen.
Und es begab sich, daß bei der großen Weihnachtsfeier der reichlich vorhandene Alkohol die Herzen der Menschen noch näher zusammenführte und daß viele Gäste mit Einheimischen, viele Einheimische mit Gästen und viele Gäste unter sich Bruderschaft tranken.

»Oberlangdorf geht völlig neue Wege!«
Dieser Tag wird vielen in lebhaftester Erinnerung bleiben.
»Wieder hat Oberlangdorf unter Beweis gestellt, daß dort neue Akzente gesetzt werden können.«
Eingeladene Gäste wurden befragt: »Was halten Sie von Weihnachten?«
Das Ergebnis war sehr zufriedenstellend. Alle hielten von Weihnachten sehr viel. Das war erfreulich. Für das kommende Jahr müßte man sich wieder etwas Neues einfallen lassen.
Man müßte den Wintertourismus noch attraktiver gestalten. Einige Leute hatten Krippen in den Stuben. Sie schmückten sie mit Plastikblumen. Daneben stand ein Kofferradio. Auf Knopfdruck spielte eine Trachtenmusikkapelle den Wildkogelmarsch oder das Weihnachtslied »Stille Nacht, Heilige Nacht«.
Die Wildkogler spielten auch Beat und »Leise rieselt der Schnee«.
»Ehre sei Gott in der Höhe«, jubelt der Herr Pfarrer von der Kanzel herunter.
»Alles ist voll!« ist der Gruß der Fremdenheiminhaber.
»Noch nie eine so gute Saison gehabt«, ist der Gruß der Gastwirte und Hoteliers.
Unser Dorf ist sehr wichtig.
Und das ist gut so!
Alle kommen auf ihre Rechnung.
Und es begab sich, daß der Ort alle Leute, die zahlen konnten, aufnehmen konnte.

Und es begab sich, daß abseits der Straße, daß im Dorf abseits der Straße, daß beim Müller-Otto in der Mühle, daß im Herzen einiger alter Frauen ein klein wenig vom Weihnachtsfrieden einkehren konnte.
Viele Gäste waren gekommen, etwas von diesem sprichwörtlich gewordenen Weihnachtsfrieden eines stillen Bergdorfes erleben zu können.
Sie zahlten sehr viel Geld dafür.
Sie hätten noch viel, viel mehr dafür bezahlt.

17 *Der Grünauer und Maria Höllrigl*

In der Gemeinde, die abseits von Oberlangdorf liegt und die als übernächste Gemeinde von Oberlangdorf talauswärts auf jeder Touristenkarte samt den Haltestellen der Autobuslinie eingezeichnet ist, leben Maria Höllrigl, die Tochter eines amerikanischen Besatzungssoldaten, sowie der Bauernsohn Grünauer, Vater eines ledigen Kindes der Maria Höllrigl.

Der junge Grünauer zahlt fleißig. Er kommt seinen Verpflichtungen mit größter Regelmäßigkeit nach. Nach anfänglichem Widerstand hatte er sich schließlich offen zu seinem Erzeugnis bei der ledigen Maria Höllrigl bekannt. Er hatte ihr auch einmal die Heirat versprochen.

Die Ereignisse um die beiden erregten nicht nur in der Heimatgemeinde, sondern sogar darüber hinaus großes Aufsehen.

Es sollte, nachdem Maria neuerlich schwanger geworden war, zu einem erschütternden Ereignis und einer darauffolgenden, nicht minder erschütternden Gerichtsverhandlung kommen.

Inzwischen hatte Maria oft und immer wieder an die Begegnung mit ihrem Grünauer am Sonntag an der Friedhofsmauer denken müssen. An die Tür ihres Zimmers gelehnt, horchte sie auf alle Stimmen von da draußen. Sie bildete sich ein, jetzt und jetzt müßte er sie besuchen kommen. Wie war das damals, als er mit ihr auf dem Motorrad in den Nachbarort und noch weiter gefahren war und sie dort miteinander in ein Espresso eingekehrt waren?

Der junge Grünauer ging in der Stube des väterlichen Hauses auf und ab. Unstet, ohne zu wissen, was er vorhatte. Sie hatte ihn angeschaut. Am Sonntag, damals an der Friedhofsmauer. Überall sah er ihren Blick. Er kam nicht davon los. Die Augen von Maria waren ihm unheimlich. Daraus schloß er, daß Maria mehr sein müsse als alle anderen Mädchen im Dorf.

Aus diesem Grund beschloß er – und wollte dies möglichst lange geheimhalten –, die Maria Höllrigl vielleicht doch zu heiraten.

Er wußte nicht recht, ob ihm ernst damit war oder nicht. Er, der relativ reiche Bauernsohn Grünauer, konnte sich nehmen, was er wollte.

Maria wußte von seinen Plänen nichts. Sie mochte ihn. Sie dachte an ihn. Sie sah ihn immer wieder vor sich.

Sie würde auch, wenn er es verlangen würde, ein weiteres und noch weitere Kinder von ihm bekommen wollen. Ja, sie würde es gerne tun.

Aber sie sah ihn längere Zeit nicht mehr. Und auch er hatte lange Zeit keine Gelegenheit, sie zu treffen oder mit ihr einen Treffpunkt zu vereinbaren. Vielleicht im Stall, wenn er einmal allein dort war und sein Vater in irgendeiner Versammlung sein würde. Im Stall lag in einem ehemaligen Abteil für die Schafe genügend Heu. Er dachte an das Heu.

Sie trafen sich einmal ganz kurz. Es wurde nichts daraus. Eine Aussprache kam nicht zustande.
In unserem Dorf, in Oberlangdorf, ereignete sich inzwischen wenig. Es war alles ruhig, die Saison war vorbei. Alle Fremden hatten das Dorf verlassen.
Es kam, wie vorausgesehen, zum notwendigen Geldzählen und Ausklopfen der Fremdenbetten.
»Wer nicht mit mir ist, ist gegen mich«, predigte der Herr Pfarrer von der Kanzel herunter. Wer gegen den Pfarrer ist, der ist gegen Gott.
Wer mit dem Pfarrer Sonntag für Sonntag im eigenen Gasthaus sitzt und mit ihm Schnaps trinkt, muß nahe der himmlischen und geistigen Macht sein. Die Macht des Himmels sitzt mit der Macht der politischen Gemeinde zusammen. Pfarrer und Bürgermeister und Wirtschaftsbundobmann haben sich zum Wohle der Gemeinde verbrüdert. Was sie in geistigen, geistlichen und politischen Dingen im Dorf wollen, das hatte zu geschehen.
In unserem Dorf leben sie alle sehr zufrieden. So scheint es, daß die Ruhe der Nachsaison über dem Dorf liegt. Die Zeit des Geldzählens wird auch bald vorbei sein. Denn bald werden Beträge aus der Gästebeherbergung sicher im Safe der einheimischen Bank liegen. Wohlverwahrt unter den Augen des Aufsichtsrates der Bank. Streng kontrolliert von den eigens dazu berufenen Kontrollorganen. Sicher verwahrt.
Weniger zufrieden ist Otto, der Müller.
Er sieht, wie sich die Leute seines Heimatortes ohne die

vielen Fremden nicht mehr zurechtfinden. Er spürt, wie sehr eine große Leere in diese Menschen gekommen ist. Sie haben niemanden mehr, dem sie ihre wenigen Jodler und ihre bunten Fahnen vorführen können.
Die Leute des Dorfes haben, so schließt Otto, der Müller, ohne die Fremden gar keine eigene Volkskultur mehr.
Weniger zufrieden mit der Entwicklung des Dorfes ist auch der Franz vom Ort »abseits der Straße«. Aus der Ferne seines kleinen Dorfes sieht er die Lage in Oberlangdorf sehr deutlich. Die guten Felder werden mehr und mehr verbaut. Es bauen die Gewerbetreibenden neue Werkstätten und neue Tankstellen und neue breitere Zufahrten. Die Felder um das Dorf herum sind schon fast zur Gänze verbaut. »Abseits der Straße« haben die Bauern noch ihre eigenen Felder.
»Wenn einmal andere Zeiten kommen, werden wir noch Grund und Boden haben, auf dem wir neu anfangen können.«
»Ja, ja, es könnten einmal schlechtere Zeiten kommen, ganz schlechte Zeiten.«
Dann wird der Franz noch immer ein paar Päckchen Pfeifentabak kaufen und seine geliebte Pfeife rauchen können.
Nachdenklich ist er geworden. Vielleicht macht das auch die Pfeife.
Oben auf dem Berg warten der alte Bauer und seine Frau auf den Sohn.
Wieder ist es Herbst geworden, und dann kommt Weihnachten und das neue Jahr. Vielleicht wird er von sich hö-

ren lassen. Wenn es nach dem Franz vom Ort abseits der Straße ginge, dann müßten schlechte Zeiten kommen, und in schlechten Zeiten, so schloß auch der Bauer oben auf dem Berg, werden alle wieder auf ihre Höfe kommen, und keiner wird einen Flecken Grund hergeben, und alle Söhne werden wieder Hofbesitzer sein wollen.
Vielleicht, vielleicht.
Es könnte wieder einmal anders kommen in unserem Dorf.
In den Häusern wurden in diesen Tagen mehr Kinder als in der übrigen Zeit des Jahres geboren. Die langen und ruhigen Tage der Nachsaison wirkten nach.
Der Geburtenüberschuß in unserem Dorf war immer noch sehr groß. Es stand ungefähr eins zu drei. Auf einen Toten drei Kinder. Das könnte sich einmal ändern. Unter den Kindern waren weniger als zehn Prozent ledige Kinder. Der Anteil lag eher niedriger als früher.
Sitte und Moral waren im Dorf zu Hause.
In einem der Fremdenheime war der Besitzer gestorben. Eine weitverzweigte, in alle Himmelsrichtungen verstreute Verwandtschaft kam daher. In diesen Tagen hatte das Dorf einen Teil seiner Leute wieder, die längst abgewandert waren.
Im übernächsten Dorf von Oberlangdorf war es nicht viel anders als in Oberlangdorf. Mit dem großen Unterschied, daß dort Maria Höllrigl wohnte, die zuerst ein lediges Kind vom reichen Grünauer bekommen hatte und die später ein weiteres lediges Kind vom reichen Grünauer be-

kommen sollte und die ihr zweites Kind weghaben wollte, weghaben mußte, weil sie mit zwei Kindern allein nicht leben konnte, weil sie niemanden hatte, vor allem, weil sie nicht geheiratet wurde.
Dem Bauernsohn Grünauer war das Schicksal von Maria gleichgültig. Er hatte im Stall die Kuh nach dem Kalben verprügelt, er hatte den Besenstiel entzweigeschlagen. Dem Grünauer war das gleichgültig. Das Leben ist hart in den Bauerndörfern. Das Leben ist scheinbar schön in einer wirtschaftlich gutsituierten Gemeinde wie Oberlangdorf.
Am Nachmittag kommt es außerhalb der Saison selten vor, daß ein Autobus im Ort stehenbleibt.
»Jetzt kommen die Betriebsausflüge.«
Das ist nicht verwunderlich, denn unser Ort ist viel von Ausflüglern besucht. Sie kommen immer noch gern, obwohl die Konkurrenz aus den Nachbarorten nicht einschläft und weil immer noch ein paar alte Gebäude in der schönen Natur stehen.
Wenn ein Autobus kommt, dann bleiben die Leute gaffend an den Hausecken oder vor den Haustüren stehen und schauen, wie die Ausflügler doch ganz anders aussehen als die Fremden, die im Sommer zu Tausenden und im Winter zu Hunderten kommen.
Heute kam am Nachmittag ein solcher Autobus aus einer Stadt in Süddeutschland.
Dem Autobus entstiegen viele junge Burschen, sehr sehnig, schlaksig und sportlich.
»Sportler«, sagten einige Leute.

Ein paar Mädchen so zwischen achtzehn und neunzehn waren daraufhin nicht mehr zu halten.
Am Abend waren sie alle in den Gasthäusern verteilt. Sonst war an diesem Abend nichts Besonderes. Der Autobus fuhr noch am gleichen Tag spätabends wieder fort. Der Bürgermeister kam zur Verabschiedung, und einige Leute aus der Fremdenverkehrswirtschaft hatten vorgeschlagen, daß mit diesem Ort eine Partnerschaft überlegt werden sollte. Das mache man heute so, und das hätten schon viele Orte so getan. Daraus wurde aber nichts, weil einige andere Leute aus der Fremdenverkehrswirtschaft entschieden dagegen waren. Darunter waren einige der Finanzkräftigeren.
Das nützt in solchen Fällen immer.
Zwei Reisende verweilen auch am Nachmittag kurz im Ort.
Nichts rührt sich sonst im Dorf. Die Kühe stehen vor den Barren und werden gemolken, während sie fressen. Die Kinder der Bauern und der anderen Leute gehen zwischen sieben und acht Uhr abends ins Bett, sie bekommen ein Betthupferl, und dafür brauchen sie ihr Abendgebet nicht mehr zu sprechen.
Die anderen Leute bleiben länger auf, bis auch sie bald nach neun Uhr ins Bett gehen. Seit es keinen Nachtwächter mehr gibt, bevölkern nur einige Besoffene die nächtlichen Straßen des Ortes. Das Grölen oder Grunzen, je nach Zustand und Charakter, ist die einzige Abwechslung des späteren Abends. Das ist alles nur so, wenn keine

Fremden im Ort sind, also in der Zeit von Ostern bis Mitte Mai und dann von Ende September bis Weihnachten. Manchmal ist am Abend eine Sitzung von irgendeinem der zahlreichen Vereine und Körperschaften. Heute ist nicht einmal eine Sitzung und auch keine Musikprobe.

Musikproben sind einmal in der Woche am Donnerstag. Heute ist ja Mittwoch.

Die Mittwoche sind die fadesten Tage. Der Tag endet gleich, wie er beginnt.

Will einer im Dorf etwas am Mittwoch beginnen, wird er von den Mitmenschen scheel angeschaut.

»Das ist doch ein Unglückstag, ein toter Tag.«

Dabei sagen alle Leute, das mit dem Mittwoch sei reiner Aberglaube.

Am Abend kam auch turnusgemäß der Zuchtwart zu einigen Bauern in den Stall, um dort nicht nur nach dem Vieh zu sehen, sondern auch die Milch zu messen. Eigentlich zapft er nur von der Milch der einzelnen Kühe des Bauern ein wenig ab, gibt sie in ein Röhrchen, das er in eine flache Kiste neben die anderen Röhrchen stellt, schreibt den Namen des Bauern darauf und die Nummer der Kuh. Dann packt er alles zusammen und will den Hof verlassen. Das geht aber nur selten, weil er erstens manchmal aufgehalten wird, zweitens aber meistens gern ein wenig bleiben und plaudern will.

Er weiß sehr viel von den Bauern und ihren Wirtschaften. Er kennt ihre Nöte und ihren Tratsch. Das befähigt ihn auch, Nachrichten zu überbringen.

18 *Das Dorf ist immer noch still und ruhig*

Es ist alles beim alten geblieben.
Der Bauer, der rückständige Bauer, der in seine Bergmahd ging, hatte ein Stück Brot eingesteckt. Er hatte es in der Hosentasche.
»Gib uns heut unser tägliches Brot!« Wenn wir verhungern, dann wissen wir: Es lag am Brot.
Wenn die Zeiten schlecht werden sollten!
Das Brot wird mit mehr Wasser und mit minderwertigerem Mehl hergestellt.
Das macht aber nichts.
Der Hunger nimmt keine Rücksicht darauf. Wir haben noch genügend Brot.
Wir wissen, daß wir in diesen guten Zeiten mit guter Saison nicht verhungern müssen. Solange wir die Gäste in Badewannen unterbringen können, werden wir nicht verhungern. Solange die Schilehrer nicht impotent werden, kommen genügend Schihaserln zu uns. Solange der Müller-Otto in der Mühle eigenhändig mahlt, erleben die Gäste aus Berlin uriges, ursprüngliches Volksleben.
Es gibt genügend Schnaps und Wein und Bier in den Kellern der Hotels.
Die Ratten vernichten die restlichen Stücke von Schweinsschnitzeln. Die Mäuse nagen an den Bergen von übriggebliebenen Pommes frites. Die Bauern haben noch ihre

Äcker, die Wiesen und Betten, in denen sie schlafen, Kinder machen und in denen sie sterben.
Danken wir Gott für alle guten Gaben. Seien wir dankbar dafür, daß wir einen frommen Pfarrer, einen umsichtigen Bürgermeister, einen geschäftstüchtigen Fremdenverkehrsobmann, einen pfeifenrauchenden Bienenzüchtervereinsobmann haben.
Die Menschen verweilen, wenn sie Zeit haben oder wenn die Not sie drückt, betend über dem Brot, betend vor und nach dem Mittagessen und dem Abendessen.
Sie beten aber auch, daß zu Weihnachten, wenn viele Wintersportler kommen, genügend Schnee liegen möge.
Man kann auch darum beten, daß es weiterhin genügend Schilehrer, Barmixer, Liftboys, Fremdenheiminhaber und Gäste gebe. In Ewigkeit. Amen!
Alle werden zusperren müssen, wenn zu Weihnachten der Schnee ausbleibt und mit ihm die Wintersportler.
Alle werden zusperren müssen, wenn die Schilehrer niemanden unterrichten können.
In diesen Zeiten, wenn die Hotels und Fremdenheime zusperren müssen, können die Bauern wieder stärker werden.
Der Gemeindeangestellte Josef legt immer noch größten Wert darauf, daß zum Mittagessen ein Bier auf dem Tisch steht.
Geschieht das nicht, dann gibt es ein größeres Familiendonnerwetter. Das wiederum bringt in unser Dorf in der langweiligen Jahreszeit ein wenig Abwechslung.

Also warten viele darauf, daß etwas passiert.
Es muß etwas geschehen. Ein Ereignis liegt in der Luft.
Alle warteten somit darauf, daß etwas geschehe, aber es geschah nichts. Es gab in diesen Tagen und Wochen kein einziges lediges Kind, keinen besonderen Tratschanlaß, kein Unglück, keinen Verkehrsunfall mit Verletzten, keine besonders aufrüttelnden Zeitungsmeldungen.
Mithin war dies die gefährlichste Zeit des Jahres. Ein paar denkende Menschen, so auch der Müller-Otto, sahen, daß den meisten Leuten im Dorfe sehr fad war. Sie spürten die innere Spannung, die in dem scheinbar ruhigen Dorf im Untergrund schwelte. Sie sahen die Trägheit und Interesselosigkeit, besonders bei den Geschäftsleuten, die nicht recht wußten, wohin sie ihre sonst so geschäftigen Hände stecken sollten und was sie mit den vielen leeren Tagen anfangen sollten. Der Autobusunternehmer, der in unserem Dorf einen Zweigbetrieb unterhielt, hatte eine Familienfahrt ausgeschrieben nach Altötting in Bayern und eine nach Einsiedeln und eine dritte nach Mariazell.
Es tut gut, nach der Skrupellosigkeit einer guten Sommersaison sich das Gewissen durch Wallfahrten erleichtern zu können.
Dieser Autobusunternehmer gilt weithin als der gerissenste Geschäftsmann. Die Leute sagen: Der kann über Leichen gehen. Manche Leute im Ort, die einmal im Jahr eine Wallfahrt machen wollen und selbst kein Auto haben, sind froh, daß sie hier eine so günstige Gelegenheit haben.
Sie sind dem Autobusunternehmer sehr dankbar dafür.

Morgen soll die erste Fahrt starten, und zwar nach Altötting.
Es kostet zwar sehr viel; aber einige Geschäftsleute können die Fahrt als Geschäftsreise deklarieren und können die Kosten mithin von der Steuer abschreiben.
Für die anderen ist ein gutes Ruhekissen sehr wichtig. Darauf ist gut zu ruhen.
Was üppig blüht, wird vom Bauern mit Mißtrauen beobachtet: »Das wird nicht.«
Der alte Bauer oben auf dem Berg und seine Frau hatten sich über den Sohn mehr gefreut als über alle Töchter zusammen. Was galt eine Tochter?
»Siehst, das hast du von der Verhätschelung!«
Der Vorwurf galt dem Bauern.
»Das haben *wir* davon.«
Mit keinem Wort wurde weiterhin die Situation besprochen.
Keiner von beiden hatte Schuld. Beide hatten die Schuld zu gleichen Teilen.
Der Sohn ist fortgezogen. Eine von den Töchtern wird einen fremden Mann mit einem fremden Namen auf den Hof bringen. Es gibt keinen männlichen Erben von Fleisch und Blut. Unnütze Überlegungen.
Der armselige Kleinbauer. Wer soll ihm neidig sein?
Das läßt sich heute nicht mehr so einrichten wie früher. Da wurden die Kinder einander versprochen, wie es die Väter wollten. Da kam groß und groß zusammen. Durch Zuheirat wurde einer noch reicher.

Der arme Teufel auf dem Berg mochte verhungern.
Es ging um die Arbeitskraft. Es ging um den Knecht, der erspart werden konnte. Und dann ging es um den Sohn. Die Arbeitskraft des Jungen konnte nicht ersetzt werden. Die Wirtschaft verkam. Ganz langsam, von innen her, zerfiel der Hof. Viele Nägel fehlten. Immer mehr Dachpappe hätte auf das Dach hinauf gehört. Die Mauer im Stall bröckelte ab. Holzwände im feuchten Stall faulten durch. Um eine Kleinigkeit weniger brachte der Bauer Milch aus dem Stall. Jeden Tag um eine Kleinigkeit weniger.
Das lag nun freilich nicht daran, daß der Bauer etwa das Melken verlernt hatte oder daß er dem Vieh nicht mehr so gutes Heu geben konnte wie sonst. Das lag auch nicht an dem Mist, der wohl ein wenig mehr wurde im Stall, der aber beileibe nichts mit der Milch zu tun hatte.
Mag sein, daß der Bauer seinem Vieh manches erzählt, was er seiner Frau nicht sagen kann. In unserem Fall hat der Alte nie oder nur ganz selten mit dem Vieh geredet. Irgend etwas mußte das Vieh doch bemerkt haben, denn es gab immer weniger Milch.

In der Stube mußte schon langsam der Kachelofen in Aktion treten, und der Bauer mußte wie jedes Jahr um diese Zeit auf den Dachboden hinaufgehen und die Winterfenster herabholen. Da kam eines Tages ein Motorrad den Berg herauf.

Der Sohn kam zurück.
Der Kachelofen hatte viel Wärme abzugeben. Der alte Bauer saß auf der Ofenbank und ließ sich erzählen, wie draußen im weiten Lande die Zeiten standen.
»Ja, ja«, nickte er immer wieder bedächtig.
»Na sowas«, gab sich seine Frau ihrerseits mit einem Kommentar zu verstehen.
»So wirst halt dableiben müssen«, hatte eines Tages der Alte zu seinem Sohn gesagt.
»Freilich«, sagte seine Mutter.
Das war ein Grund, daß sich der alte Bauer eine Pfeife anzündete und daß die Mutter das Flickzeug weglegte.
Bevor noch die Wintervorräte im Keller herhalten mußten, waren diese wichtigen Worte gesprochen worden. Nicht mehr und nicht weniger.
Dann war er wieder dahin, der einzige Sohn.
Toni, der erste Alkoholiker unseres Dorfes, saß im Gasthaus und trank. Seine älteste Tochter bekam ein lediges Kind. Toni kam in der Nacht sehr spät nach Hause. Er schlug seine älteste Tochter. Sie sei ein Luder. Das habe er nicht notwendig. Da mühe und plage er sich und sei ein redlicher Mensch. Und sie, sie sei eine Schlampe und bringe einen ledigen Fratz ins Haus. Sie könne verschwinden aus dem Hause.
Otto, der Müller, wurde alt und sonderlich. Er stank immer mehr nach Vernachlässigung. Er hob die Zeitungen auf, die an Sonntagen im Rinnsal lagen. Er las. Er betete wie die anderen.

Die Leute abseits der Straße nahmen an den Segnungen des Fremdenverkehrs immer noch nicht teil.
Der Pfarrer schämte sich ihrer.
Unser Dorf sei das Musterbeispiel eines christlichen Dorfes.
Die Zahl der Alkoholiker stieg nur mäßig. Der Stacheldrahtzaun wurde vergessen.

19 *Es schien alles in bester Ordnung*

In frühester Jugend werden die Kinder daran gewöhnt, daß sie ohne Scheu bei der Geburt eines Lämmleins dabei sind oder daß acht- bis zehnjährige Buben eine Kuh zum Stier führen können. Die erste und noch ganz gelbe Milch nach dem Abkalben ist kaum genießbar. Sie habe aber einen hohen Nährwert. Manche stillenden Mütter sind froh um diese Milch. Mit Wasser verdünnt.

In den Orten im Umkreis von Oberlangdorf ist es nicht anders wie in Oberlangdorf. Auch der junge Grünauer hat von den Tieren gelernt. Er hat sehr viel von ihnen gelernt. Etwas Tierisches, Wildes ist geblieben.

»Magst mich noch?«

Ja, das hat der Grünauer kürzlich die Maria Höllrigl gefragt.

Und sie hat ihn nicht mehr anschauen können.

»Was glaubst du denn?«

Das hat sie gesagt. Sie ist rot geworden. Sie hat an das rote Band gedacht. Sie hat an die Fahrt mit dem Motorrad gedacht.

»Dann heiraten wir halt.«

Ein Wort, scheinbar ganz selbstverständlich. Er denkt nicht. Er hat gehandelt. Er weiß, was er will. Eine Frau braucht er.

»Wenn du meinst«, hat sie ihm scheu entgegnet.

»Ja.«
»Und das Kind?«
»Das soll auf meinen Namen umgeschrieben werden. Das geht. Ich weiß, das geht ohne weiteres. Das mache ich. Also: abgemacht!«
Es schien alles in bester Ordnung zwischen den beiden. Es war ein schöner, strahlender, leuchtender, freundlicher Sonntag.
Etliche Wochen später. Der Herrgott hätte ihn nicht schöner machen können, sagten die Leute. Und es war wirklich so. Die Leute waren sehr zufrieden damit.
Im Laufe des Tages kamen fast zwanzig Autobusse mit Ausflüglern zu unseren Gasthäusern und Hotels. Manche besichtigten auch die Kirche des Ortes und auch die kleine Kreuzkapelle, die laut Prospekt eine Sehenswürdigkeit sein sollte.
Die halbverfallene alte Kapelle neben dem Hotel wurde nur von sehr wenigen beachtet.
Die Tabaktrafik hatte an solchen Sonntagen auf Grund einer Sonderregelung nach dem Ladenschlußzeitgesetz auch am Nachmittag geöffnet. Auch das Sportgeschäft und das Souvenirgeschäft, alle Gasthäuser und auch die beiden Hotels hatten an diesem Sonntag geöffnet. Auch die Kirche von Oberlangdorf war geöffnet.
Viele Gäste kamen in Privatautos. Manche blieben einen oder zwei oder auch mehrere Tage.
An diesem Sonntag haben in Oberlangdorf bei den Bauern zwei Kühe gekalbt. In beiden Fällen gab es Kuhkälber. Je-

der Bauer will zu dieser Zeit lieber Kuhkälber als Stierkälber. Das Kuhkalb wird zur eigenen Aufzucht behalten. Das Stierkalb wird drei Wochen lang gemästet, hauptsächlich mit Muttermilch ernährt, dann verkauft. Es darf, um gutes weißes Kalbfleisch abgeben zu können, nur mit Muttermilch gefüttert werden. Ein solches Kalb ist ein Saugkalb, weil es eigentlich nicht frißt, sondern nur saugt. Einem solchen Kalb, das noch keine Zähne hat, kann man die Hand ins Maul stecken, dann schleckt und zieht es daran und will unbedingt Milch herausbringen.
Bei den Menschen ist es mit der Aufzucht nicht viel anders. Die Kinder von Bauern lernen sehr viel von den Tieren im Stall.
Dann hat sie ihn wieder anschauen können. Dann haben sie noch weiter vom Heiraten geredet. Über den kleinen Tisch hinweg haben sie einander in die Augen geschaut. Die Tische im Espresso sind immer klein, weil sie nur für zwei oder drei Personen konstruiert sind. Das ist in den alten Gasthäusern ganz anders. Dort findet man noch die breiten, schweren, behäbigen Tische. Wer dort sitzt, ist unverrückbar an den Tisch gebunden. Und auch an die Menschen, die dort am schweren Tisch sitzen, zehn und mehr. Da ist der Tisch dann ein Mittelpunkt, auf den man sich stützen kann.
Nach mehr als einem Jahr haben sie sich wieder in die Augen geschaut. Ganz nahe kamen sie mit den Augen zusammen.
Es war ein Espressotisch.

Die Leute im Dorf mögen reden, was sie wollen. Es gibt auch in unserem Dorf den Schreibnamen Höllrigl. Es gibt auch einen Grünauer bei uns. Aber die Höllrigl sind nicht alle miteinander verwandt. Es kann sein, daß sich »unser« Höllrigl mit langem »i« schreibt und mit e vor dem l. Man will mit der Sache möglichst wenig zu tun haben. Man soll sich so wenig wie möglich in fremde Angelegenheiten einmischen. »Dann heiraten wir«, hat er also gesagt. Das mit der Adoption müßte möglich sein. Das dachte sie bei sich. Niemand war da, der ihre Gedanken erraten wollte oder der ihr nachschlich, um ihre Gedanken irgendwo am Feldrand oder am Straßenrand auffangen zu können. Niemand war heute da.

»Wenn man damals gewußt hätte ...«

Der reiche Bauer und das ledige Kind eines amerikanischen Besatzungssoldaten sollen nur heiraten, wenn sie schon einen Fratzen miteinander haben. Das ist Tatsache. Der reiche Grünauer war vielleicht nur bei uns reich. Wenn in unserer Gegend ein Bauer fünfzehn Stück Großvieh im Stall stehen hat, dann ist das bei uns schon ein Großbauer. Der Altbauer Grünauer hatte vor einigen Jahren mit der Schweinezucht angefangen.

In der Zucht von Schweinen hatte er guten Erfolg.

Auf dem Lande und überhaupt in einem Bergtal wie dem unseren sind die Sitten rauher, die Tragödien sind brutaler, die Schicksale sind erschütternder. Wenn hier einmal das Gleichgewicht zerstört ist, dann gibt es schwere Zeiten für die Betroffenen.

Da war die Ordnung durcheinandergeraten. Denn der jetzt sechsundzwanzigjährige Walter Grünauer war in Wirklichkeit ein Schwein.
Maria war von den Leuten des Ortes immer gut und zuvorkommend behandelt worden. Man trat ihr freundlich und offen, aber immer mit der hier üblichen Reserviertheit entgegen. Man sagte ihr auch, wenn etwas an ihr nicht in Ordnung war.
Man gratulierte ihr auch.
»Ist ein braver Bub, der Walter.«
»Gelt, er mag das Kind.«
»So nett ist das Kind.«
»Zum Gernhaben süß.«
Der sechsundzwanzigjährige Walter Grünauer aber war ein reicher Bauer und war ein Schwein.
Das wußte Maria zu diesem Zeitpunkt noch nicht. Sie war in den nächsten Wochen öfter mit ihm beisammen.
Sie schliefen auch einige Male miteinander.

»Das Ergebnis war eine zweite Schwangerschaft unter den bedrohlichsten Aspekten. Grünauer wollte nicht die Konsequenzen ziehen, und das Mädchen wollte nicht an die Konsequenzen denken, die sich ihr schon deutlich ankündigten!«

Was bedeutet ein zweites lediges Kind? Aufgabe der Arbeit. Denn wer sollte auf zwei Kinder schauen, Fürsorge, Not, Verachtung, Ausschluß aus der dörflichen Gesellschaft, Schande, Schmach, Ruin. Walter Grünauer fand, wie es in der Tageszeitung vom 24. März hieß, eine »Patentlösung«.
Die Lösung war denkbar einfach. Walter Grünauer

»gestand seiner Geliebten
einen Treuebruch mit Folgen. Er kündigte
ihr also die Geburt eines anderen Kindes an und bedauerte sich selbst in seiner Notlage.«

Weil Walter Grünauer ein Schwein war, sagte er ihr das. Besser, er hätte sie umgebracht.
Was sagt die Dorfgemeinschaft in einem solchen Fall? Kann sie in einem solchen Fall überhaupt einschreiten, oder ist sie nur für ausschließlich bäuerliche Verhältnisse zuständig? Es wird genau geregelt, ab wann im Kalenderjahr die Hühner ausgetrieben werden dürfen, wann das Rindvieh auf die Alm getrieben werden müsse und daß Stiere niemals frei herumlaufen dürfen.
Dazu kam noch, daß starke Ortspersönlichkeiten das Geschehen und das Geschick eines Dorfes wesentlich mitbestimmen. War es in unserem Dorf der Obmann des Wirtschaftsbundes, von dem die wichtigste Macht ausging

(den Herrn Pfarrer ausgenommen), so war es im Ort des Geschehens der Ortsbauernobmann. Das wiederum war der durchaus ehrenwerte Vater des Walter Grünauer.
»In Gottes Nam'«, sagte er.
Er hätte die Maria vielleicht als Schwiegertochter akzeptiert. Das Mädchen versuchte, sich der Dorfgemeinschaft zu bemächtigen. Dabei kam sie darauf, daß diese aus lauter Einzelmenschen bestand. Der eine war übel gelaunt, weil er nicht anders sein wollte, der andere entpuppte sich als beachtlicher Individualist, der genau wußte, was er wollte. Ein dritter war zu scheu.
»Wie sollte man das nur anfangen?«
»Ja, wenn das nicht so schwierig wäre!«
»Da muß sich doch etwas dagegen machen lassen.«
»Vielleicht weiß der Herr Pfarrer einen Rat.«
Es waren alles Menschen, die sich entweder nicht getrauten oder die nicht konnten oder die nicht wollten, weil sie als Einzelmenschen in der Dorfgemeinschaft ohne die Dorfgemeinschaft eigentlich keine Menschen waren, sondern nur Glieder eines Körpers, die als einzelne handlungsunfähig waren. Somit konnte nur die Dorfgemeinschaft als solche eingreifen.
Das heißt, sie hätte eingreifen können, wäre sie darum gefragt worden oder wäre ein akuter Anlaß zum Eingreifen vorhanden gewesen. Die Information eines Einzelmenschen genügte nicht.
Sie trafen sich nach dem Sonntagsgottesdienst, und sie sagten nichts zueinander.

Maria konnte ihm nicht in die Augen schauen.
Walter Grünauer versuchte möglichst schnell im Kreis seiner Alterskollegen auf dem Kirchplatz zu verschwinden.
Sie sagte nichts.
Auch der Pfarrer, der Hochwürdige, konnte nichts sagen.
»Wirst halt fest beten müssen.«
Willig, ehrlich und sparsam war sie immer gewesen.
Jetzt aber hatte sie ein zweites Kind zu erwarten. Einen ledigen Fratz, wie die Leute sagen.
Früher, da haben solche Kinder von den Ortsgeistlichen die ausgefallensten und für die damalige Zeit häßlichsten Namen bekommen.
Da hat weder der Pate noch die Mutter etwas zu sagen gehabt.
Das ledige Kind hieß zeitlebens Apollonia oder Eustachia oder Bonifatius. Auch Zachäus war ein solcher Name.
Maria hörte auf zu beten.
In ihrer Kammer lag sie stundenlang auf dem Bett und wußte nicht ein noch aus.
Wo sollte sie das Kind hingeben? Wer würde es um »Gottes Lohn« in Pflege nehmen?
Sie ging noch einmal zum Herrn Pfarrer und fragte ihn, ob er nicht jemanden wüßte.
»Freilich, Kind, die Fürsorge wird schon einen Weg finden.«
»Ja, Hochwürden, vergelt's Gott.«
Sie tauchte in der anonymen Masse der Dorfgemeinschaft

unter und war in die große Schar der Kinder Gottes einverleibt.
Hinter den Fenstern ihrer Häuser hatten sie bunte Vorhänge aus Leinen aufgezogen.
Vor dem Herrgottswinkel lag sie auf den Knien und fluchte.
Durch den üppig blühenden Garten des Pfarrhofes schritt der Pfarrer. Er betete das Brevier.
»Daß uns der Herr
vor Flauten im Fremdenverkehr bewahren wolle,
daß uns der Herr
die Schweine im Stall vermehren lasse,
daß uns der Herr
genügend Schnaps und Wein und Bier bescheren möge,
daß uns der Herr
unsere immerwährende Liebe zum Herrn,
dem Allmächtigen,
bewahren möge ...«
Seien wir dankbar!
Oberlangdorf ist ein Dorf wie viele andere, wie hundert andere in unserem Gebiet. Seine Leute sind Oberlangdorfer mit Fleisch und Blut, wie es auch anderswo in sehr, sehr vielen Orten unseres Gebietes diese Oberlangdorfer gibt.
Dem Ort Oberlangdorf muß ein Spiegel vorgehalten werden. Wer sich darin erkennt, hat in Oberlangdorf seinen geliebten Heimatort gefunden. Jeder, der Oberlangdorf liebt, hat eine Heimat.

Der verloren geglaubte Sohn kam wieder.
Er flüchtete von Oberlangdorf, seinem Heimatdorf, als er die vielgepriesene Schönheit von Oberlangdorf nicht mehr ertragen konnte.
Der alte Bauer blieb allein bei seiner alten Frau, seinen Schweinen, Rindern, Schafen und Hühnern.
Marias erste aktive Handlung war der Widerstand gegen alle herrschenden Regeln, Ordnungen, gegen Sitte und Gesetze.
Die zweite war, daß sie Walter Grünauer zur Rede stellte.
Sie wollte es noch einmal versuchen.
»Du, Walter.«
»Ja, was ist?«
»Was soll mit meinem Kind?«
»Mit welchem?«
»Du weißt ja.« Und nach kurzem Zögern. »Halt mit beiden.«
»Laß mich!«
»Ich kann nicht.«
»Was soll ich machen? Du weißt ja, ich habe ja ...«
Ja, ja, sie weiß es. Er hat es ihr gesagt. Er hat bei einer anderen auch ein Kind.
»Walter!«
»Scher dich, laß mich in Ruh. Was soll ich machen. Wirst schon einen anderen finden, der auf deine Fratzen aufpaßt. Geh jetzt!«
Und er dreht sich weg. Sie hält ihn am Arm zurück. Sie versucht, ihn aufzuhalten. »Versteh mich doch. Bitte!«

Er reißt sich gewaltsam los. Er geht davon. Mit sicheren und schweren Schritten. Er, der reiche Bauer, fühlt sich als starker Mann.

Wer könnte ihm etwas anhaben?

Da war nun bald der Tag da, da Maria niederkommen sollte.

Sie bangte dem Tag entgegen und allem, was er an Folgen bringen würde. Sie ging immer mehr in sich und wurde verschlossener und stiller. Sie sagte zu niemandem mehr etwas.

Sie belästigte niemanden. Sie wurde niemandem zur Last.

Sie war schon vorher ruhig, »willig, ehrlich und sparsam«.

Jetzt war sie nur nach außen ruhig.

An ihrem Arbeitsplatz mußte sie ruhig sein.

»Das Mädchen überließ sich einem dumpfen Selbsterhaltungstrieb.
Ihr Denken und Streben richtete sich auf das leibliche Unglück.«

Doch die Leute, die das am 24. März in der Tageszeitung lasen, verstanden nicht, was der Berichterstatter eigentlich gemeint hatte.

Walter Grünauer hatte bewiesen, daß er ein Schwein war.

Die Gesellschaft hatte als Sammelsurium von Menschen total versagt.

Der Vater Grünauer züchtete erfolgreich Schweine.

Der Herr Pfarrer las täglich sein Brevier.

Im Dorf stiegen immer mehr Gäste aus aller Herren Ländern ab.
Die Umsätze der örtlichen Geschäfte stiegen.
Es war Sommer.
Maria mußte mit ihrem schweren Körper viel unter der Hitze leiden. Man sagte auch, sie war gesegnet.

»Die Wirklichkeit bleibt alarmierender, und man begegnet ihr ungeschminkt und grausam im Gerichtssaal.«

Die Wirklichkeit der nächsten Tage spielte sich im Leben von Maria ab.
Das Dorf erfuhr nichts davon. Der junge Grünauer kümmerte sich nicht darum.
Am letzten Tag kam die Wirklichkeit bis hinauf in die Kammer, die Maria ganz allein mit ihren Kindern bewohnte:
mit dem Geborenen und mit dem Ungeborenen.
Sie kam an diesem Tag völlig durchnäßt in ihre Kammer.
Sie zog sich in dieses Zimmer zurück und blieb dort.
Sie ließ niemanden zu sich.
Als die Wehen begannen,

»zog sie sich in ein leeres Zimmer im Hause ihrer Großeltern zurück, legte sich auf den Boden und gebar schließlich ihr zweites Kind«.

Der Bürgermeister konnte nichts für sie tun. Die Dorfbewohner, ihre Mitmenschen, gingen ihren Geschäften nach. Der Herr Pfarrer betete sein tägliches Brevier.

»Die Nabelschnur schnitt sie mit der Schere ab, und das Neugeborene hielt sie im Waschbecken unter das fließende Wasser.«

Die Dorfgemeinschaft hatte total versagt. Auch die Kirche und alles ringsum hatte versagt. »Gib uns heute unser tägliches Brot, und vergib uns unsere Schulden.« Was half das alles. Wer sollte vergeben?

»Zu ihrer Überraschung begann das Kind zu strampeln und zu schreien und seine Lebenskraft zu beweisen.«

Maria konnte es nicht wissen: Walter Grünauer hatte in diesen Augenblicken eine Auseinandersetzung mit seinem Vater wegen des Ankaufs einer neuen Schweinerasse. Walter wollte seinem Vater zuerst nicht nachgeben. Dann aber gab er doch nach.

Daraufhin ertränkte sie es im vollgefüllten Becken, wickelte die Leiche in ein Handtuch und versteckte sie im Kleiderkasten. Dann begab sie sich ins Bett im Zimmer nebenan.«

Am Tage darauf ließ sie den Grünauer rufen. Der kam auch.
»Sau!« schrie sie ihn an.
»Was willst du von mir?«
»Ich habe ein Kind bekommen: tot!«
Er lachte laut auf. »Na und?«
Jetzt, dachte er, kann ich ihr die Wahrheit sagen. Gott sei Dank, es war eine Totgeburt.
»Du, Maria!«
»Ja?«
»Ich habe dich damals angelogen!«
»Wann?«
»Als ich dir sagte, ich hätte einer anderen auch ein Kind gemacht.«
»Ist das nicht wahr?«
»Nein!«
Sie schrie auf. Er verschwand. Sie blieb allein zurück. Sie ging zum Schrank. Sie hatte Angst vor allem. Sie hatte Angst vor der Gendarmerie, vor dem Gericht, vor dem Arzt, der sie anzeigen würde. Sie machte im Herd ein großes Feuer

»und schürte die Kindesleiche ein«.

Vor der Gendarmerie war sie voll geständig. Ihre Mitmenschen, die nichts vom Kindesmord wußten, erklärten sie für völlig normal.
Auch der junge Grünauer fiel nicht auf. Er ging in den Stall zu seinem Vieh.

Sie reagierte lediglich auf Enttäuschungen abnorm, erklärte der Gerichtspsychiater.
Weil Maria Höllrigl bei der Gerichtsverhandlung zusammenbrach und weil einer der Geschworenen einen Anfall erlitten hatte, wurde der Prozeß auf unbestimmte Zeit vertagt.
Maria Höllrigl siechte fortan dahin.
Sie hatte versucht, sich in ihr Schicksal zu fügen. Sie begann Gott, den Pfarrer, die Welt und den Grünauer zu verfluchen.
Der reiche Grünauer hatte inzwischen standesgemäß geheiratet.
Maria Höllrigl siechte immer mehr dahin. Sie sprach mit niemandem darüber. Das Weiß in ihren Augen wurde erschrecklich. Sie zertrümmerte alle Spiegel in ihrer Wohnung. Das Weiß in ihren Augen wurde den Leuten ihres Ortes erschrecklich. Maria Höllrigl wurde sonderbar. Sie wurde gemieden. Zuerst waren es nur einige in ihrem Dorf, dann wurden es immer mehr.
Sie wurde mehr und mehr in die Isolation des Dorfes getrieben.
In Oberlangdorf sprach man lange Zeit nicht mehr von ihr.
In der Isolation durch das Dorf wurde sie noch sonderbarer. Die Leute sahen das Weiß, das Sonderbare an ihr. Zuerst hieß es bei wenigen, dann bei vielen, dann im Nachbarort, dann im übernächsten Ort, also auch in Oberlangdorf, dann von immer mehr Mitmenschen:

»Maria Höllrigl ist eine Hexe!
Sie hat ihr Kind und den Grünauer und sein Vieh verhext, sie betet nicht mehr, sie geht am Sonntag nicht mehr in die heilige Messe, und den Pfarrer grüßt sie nicht mehr auf der Straße.«
Ihr Begräbnis wurde zu einem halben Feiertag im Dorf. Alle wollten noch einmal sehen, ob eine solche im geweihten Friedhof beerdigt würde.
Aus Oberlangdorf kam ein Autobus voll Trauergäste.
Kurz darauf wurde in unserem Dorf die alte Kapelle aus dem Jahre 1689 restauriert. Der Bürgermeister, der Pfarrer und der Hotelier konnten nicht mehr länger mit ansehen, wie ihre Ehre durch eine zerfallene Kapelle in Verruf geriet.
Ihr Opfer für die Restaurierung würde im Himmel nicht unbedankt bleiben!

Paul Gerhard Gruber *Der blaue Sessellift*

Jahr für Jahr, vor allem im Sommer und im Winter, verlassen Tausende von Menschen ihre lärmenden, stickigen Städte, um in Sommerfrischen oder Wintersportorten Luft zu holen, sich zu bewegen und zu amüsieren.
Niederleiten ist ein entlegenes Dorf in den Bergen, irgendwo im Grenzland von Salzburg und der Steiermark. Der Roman »Der blaue Sessellift« schildert, welche listenreichen Anstrengungen Bürgermeister und Gemeinderäte, aber auch die einzelnen Dorfbewohner unternehmen, um Niederleiten für Sommer- und Wintergäste attraktiv zu machen. Und die Gäste kommen.
Am Beispiel der drei Brüder Andreas, Alois und Haimo sowie ihrer Eltern zeigt der Autor den Wandel der Zeit. Aus behäbigen Läden werden Supermärkte, aus Landgasthäusern Restaurants, aus Bauernburschen Schilehrer.
Auch Haimo, der jüngste der Brüder, wird Schilehrer. Er will Rennen gewinnen und die große Welt kennenlernen. Alois, der Bauer, geht neue Wege, um seinen Hof halten zu können. Andreas studiert, wird mehr durch Zufall Journalist und schreibt ein Buch, das sich mit der Situation des Landes von heute auseinandersetzt.
Unsentimentaler Roman eines Dorfes in den Bergen, lautet der Untertitel des Buches. Wie Dörfer und ihre Bewohner die neue Zeit meistern, ist spannend, witzig und realistisch erzählt und ergibt eine Geschichte über das neue Leben im alten Bauernland.
Der Autor, Paul Gerhard Gruber, wurde 1938 in Graz geboren und wuchs auf einem Berg in der Steiermark auf. Nach dem Abitur wurde er Agrarjournalist, er lebt in Wien. Zu schreiben begann er, weil er sich, wie er sagt, über die kitschigen, verlogenen Erzählungen aus der ländlichen Welt ärgerte. Er veröffentlicht seit 1968 Novellen und Romane in verschiedenen Zeitschriften. Bücher: »Abendzug nach Wien«, Roman, »Land vor der Stadt«, Sammelband zusammen mit 14 weiteren Autoren.

STAACKMANN VERLAG KG · MÜNCHEN

Dietmar Stutzer

Der rätselhafte Tod des Raimund W.

Schauplatz: Eine kleine alpenländische Landgemeinde mit großem Park an einem schönen See und inmitten des Parks ein Schloß. Ehedem Gutshof, jetzt Klinik. Thema: Der Chefarzt, sehr ehrgeizig, möchte mit Hilfe maßgebender Personen und Institutionen an der schönsten Stelle des Seeufers, inmitten des unberührten Uferlandes (Bauverbot), ein Privathaus errichten lassen. Einer stellt sich dem Anschlag auf die freie Natur in den Weg ...

Man findet ihn eines Tages ermordet auf. Wer ist der Täter? Ein Fernsehreporter klärt den Fall und gerät dabei in das Dickicht, in dem heutigentags gewinnträchtige Geschäfte mit Unterstützung aller möglichen Kreise auf nicht gerade zimperliche Weise abgewickelt werden.

Der Autor, Dietmar Stutzer, 1933 im bayrisch-österreichischen Grenzgebiet geboren, war zunächst Landwirtschaftsgehilfe und Melker, studierte dann Landwirtschaft, wurde Agrar- und Wirtschaftsjournalist, promovierte 1974 und ist seitdem als Autor tätig.

STAACKMANN VERLAG KG · MÜNCHEN